Estrategias efectivas de comunicación para construir relaciones y equipos sólidos.

Estrategias efectivas de comunicación para construir relaciones y equipos sólidos.
© 2023, Sergio Velásquez
Todos los derechos reservados.
Publicado por: Sergio Velásquez
ISBN: 979-886-19-2281-4

Edición: 1
Impreso en: AMAZON

Advertencia:
La información proporcionada en este libro es resultado de la experiencia e investigación del autor. Sin embargo, no se ofrece ninguna garantía, expresa o implícita, sobre la precisión o integridad de la información aquí contenida. El autor y la editorial no se hacen responsables de ningún error u omisión, ni de ningún daño o perjuicio que pudiera resultar del uso de la información contenida en este libro.
Contacto: sergiovelasquezg@gmail.com

A mi querido hijo Sergio, quien me ha enseñado la importancia de la comunicación efectiva en nuestras relaciones personales y profesionales.

Este libro, "Estrategias efectivas de comunicación para construir relaciones y equipos sólidos", está dedicado a ti y a todos aquellos que buscan mejorar sus habilidades de comunicación y establecer relaciones saludables y duraderas con los demás.

Espero que este libro te ayude a alcanzar tus objetivos y a tener éxito en todos los aspectos de tu vida.

Con todo mi amor, tu padre

Índice.

Introducción 1

Prólogo 3

La importancia de la comunicación efectiva en las relaciones y equipos.
.... 5

    ¿Cómo la comunicación efectiva puede mejorar la productividad en un equipo de trabajo? 7

    ¿Qué técnicas se pueden utilizar para mejorar la comunicación en un equipo de trabajo? 9

    ¿Cómo se puede fomentar la participación en la comunicación del equipo? 13

    ¿Cuáles son las ventajas y desventajas de utilizar herramientas de comunicación en línea? 16

    ¿Cómo se pueden superar las desventajas de la comunicación en línea? 18

    ¿Cómo se pueden planificar mejor las reuniones en línea para superar las desventajas? 21

    ¿Qué estrategias se pueden utilizar para mejorar la participación en las reuniones en línea? 25

Comunicación verbal y no verbal: Cómo transmitir mensajes claros y efectivos. 29

    ¿Cuáles son las diferencias entre la comunicación verbal y no verbal? 32

    ¿Cómo se puede utilizar la comunicación no verbal para mejorar la comunicación verbal? 34

    ¿Cuáles son algunos consejos para decodificar señales no verbales en la comunicación verbal? 36

    ¿Cómo se puede practicar la observación del lenguaje corporal para decodificar señales no verbales? 39

    ¿Cómo se puede mejorar la inteligencia emocional para decodificar señales no verbales en la comunicación verbal? 41

    ¿Cómo se puede aplicar la inteligencia emocional para interpretar señales no verbales en la comunicación verbal? 44

    ¿Cómo se puede practicar la interpretación de señales no verbales en la comunicación verbal? 46

¿Cuáles son los elementos clave de la comunicación no verbal que se deben observar para interpretar señales en la comunicación verbal? 49

Escucha activa: Cómo escuchar y comprender a los demás. 53

¿Qué es la escucha activa y por qué es importante en la comunicación? 57

¿Cuáles son los beneficios de la escucha activa en la comunicación? 58

¿Cómo se puede implementar la escucha activa en una conversación difícil? 60

¿Cuáles son las técnicas específicas de la escucha activa que se pueden utilizar en una conversación difícil? 62

¿Cómo se puede orientar la conversación para practicar la escucha activa en una conversación difícil? 64

¿Cómo se puede mostrar empatía durante una conversación difícil para practicar la escucha activa? 67

¿Cómo se puede utilizar el lenguaje corporal para demostrar empatía durante una conversación difícil para practicar la escucha activa? 69

¿Cómo se puede utilizar el contacto visual para demostrar empatía durante una conversación difícil para practicar la escucha activa? 71

¿Cómo se puede evitar que el contacto visual se convierta en una mirada fija o incómoda durante una conversación difícil? 72

¿Cómo se puede saber cuándo es apropiado hacer contacto visual durante una conversación difícil? 74

¿Cómo se puede equilibrar el contacto visual con otras técnicas de escucha activa durante una conversación difícil? 76

Comunicación intercultural: Cómo comunicarse efectivamente con personas de diferentes culturas. 78

¿Qué es la comunicación intercultural y por qué es importante? .. 81

¿Por qué es importante la comunicación intercultural en el mundo globalizado actual? 82

¿Cómo puede la competencia intercultural ser una ventaja competitiva para las empresas en un mundo globalizado? 83

¿Qué estrategias pueden implementar las empresas para fomentar la competencia intercultural en sus empleados? 85

¿Cómo puede una empresa medir la competencia intercultural de sus empleados? 88

¿Cómo se puede evaluar el nivel de competencia intercultural de los empleados de una empresa? 90

¿Cómo se pueden diseñar programas de formación para mejorar la competencia intercultural de los empleados de una empresa?....92

¿Qué elementos deben incluirse en un programa de formación para mejorar la competencia intercultural de los empleados de una empresa? 94

¿Qué metodologías de enseñanza son más efectivas para mejorar la competencia intercultural de los empleados de una empresa?.96

¿Qué papel juegan las actitudes y valores interculturales en la mejora de la competencia intercultural de los empleados de una empresa? 99

¿Qué impacto tienen las actitudes y valores interculturales de los líderes de una empresa en la competencia intercultural de los empleados? 101

Comunicación en equipo: Cómo trabajar en equipo y comunicarse de manera efectiva. 104

¿Por qué es importante la comunicación efectiva en un equipo de trabajo? 106

¿Cómo puede la comunicación efectiva mejorar la productividad de un equipo de trabajo? 107

¿Qué consejos prácticos se pueden seguir para mejorar la comunicación efectiva en un equipo de trabajo? 109

¿Qué papel juega la transparencia en la comunicación efectiva en un equipo de trabajo? 112

¿Cómo se puede fomentar la transparencia en la comunicación interna de un equipo de trabajo?.....................................114

¿Cómo se puede medir el éxito de la implementación de la transparencia en la comunicación interna de un equipo de trabajo? 116

¿Cómo se puede evaluar la eficiencia y productividad de un equipo de trabajo a través de la comunicación interna transparente? ...118

¿Qué indicadores se pueden utilizar para evaluar la eficiencia de un equipo de trabajo a través de la comunicación interna transparente? 121

¿Cuáles son los KPIs más relevantes para medir la eficiencia de un equipo de trabajo a través de la comunicación interna transparente? 123

¿Cómo se pueden comparar los resultados de los KPIs de comunicación interna con los de otras áreas de la empresa? ...125

Resolución de conflictos: Cómo manejar conflictos y resolver problemas de manera efectiva...128

¿Cuáles son los principios clave para manejar conflictos de manera efectiva? 130

¿Cómo se pueden aplicar los principios clave para manejar conflictos en el lugar de trabajo? 132

¿Cuáles son las claves para la resolución de conflictos laborales? 133

¿Cuáles son las mejores prácticas para la comunicación efectiva en la resolución de conflictos laborales?..................................135

¿Cómo se puede mejorar la participación y la resolución rápida de conflictos en el equipo mediante estrategias de comunicación efectiva? 137

Comunicación en el lugar de trabajo: Cómo comunicarse efectivamente en el lugar de trabajo y construir relaciones sólidas. 140

¿Cómo se puede establecer una comunicación efectiva en el lugar de trabajo y por qué es importante? 143

¿Cómo se puede adaptar la comunicación efectiva a diferentes personalidades y estilos de trabajo? 145

¿Qué estrategias se pueden utilizar para adaptar la comunicación a diferentes personalidades en el lugar de trabajo? 147

¿Qué estrategias se pueden utilizar para comunicarse con un colega que tiene un estilo de trabajo más creativo?........................149

Comunicación en la vida personal: Cómo comunicarse efectivamente en la vida personal y construir relaciones sólidas. 151

¿Cuáles son las habilidades necesarias para una comunicación efectiva en la vida personal?...153

¿Cuáles son las diferencias entre la comunicación efectiva en la vida personal y en el trabajo? 154

¿Cómo se puede mejorar la comunicación en el trabajo y en la vida personal al mismo tiempo? 156

¿Cómo se pueden aplicar los consejos para mejorar la comunicación en el trabajo también en la vida personal? 158

¿Cómo se pueden mejorar las habilidades de comunicación en la vida personal si no se tiene experiencia en el trabajo? 160

¿Cuáles son algunas actividades que se pueden hacer para mejorar las habilidades de comunicación en la vida personal? 163

Cómo aplicar las estrategias de comunicación efectiva en la vida diaria. 166

¿Qué es la escucha activa y por qué es importante para la comunicación efectiva en la vida diaria? 168

¿Cómo se puede aplicar la escucha activa en el ámbito laboral y en la vida diaria? 170

¿Cómo se puede aplicar la escucha activa en una reunión de trabajo? 173

¿Cómo se puede aplicar la escucha activa para mejorar la comunicación en una reunión laboral? 175

Conclusión 178

Epílogo 179

Sobre el Autor 181

Introducción

En nuestro mundo actual, la comunicación efectiva se ha convertido en un desafío cada vez mayor. A pesar de los avances tecnológicos que nos permiten conectarnos con personas de todo el mundo, también hemos experimentado una disminución en la comunicación cara a cara. En todos los aspectos de nuestra vida, ya sea en el trabajo, en nuestras relaciones personales o en la sociedad en general, una comunicación eficaz es fundamental para el trabajo en equipo, el logro de objetivos colaborativos y la prevención de malentendidos y daños en las relaciones interpersonales.

En el ámbito laboral, la comunicación efectiva proporciona claridad en el mensaje y crea mejores relaciones laborales. En la vida personal, la comunicación es esencial para establecer relaciones saludables y duraderas con los demás. En ambos casos, la comunicación nos permite expresar nuestras ideas, sentimientos y emociones, interactuar con los demás y comprender sus necesidades y deseos.

Para mejorar nuestras habilidades de comunicación, es importante practicar la escucha activa. La escucha activa implica prestar atención completa a la persona que está hablando, sin interrumpir y mostrando interés genuino en lo que están diciendo. Esto no solo nos ayuda a comprender mejor a los demás, sino que también les muestra que valoramos su perspectiva y opiniones.

En el ámbito laboral, podemos aplicar la escucha activa en reuniones de trabajo al prestar atención a los puntos de vista de los demás, hacer preguntas para aclarar cualquier malentendido y resumir lo que se ha discutido para asegurarnos de que todos estén en la misma página. En la vida personal, podemos aplicar la escucha activa en nuestras conversaciones diarias al mostrar interés genuino en lo que los demás tienen que decir, hacer preguntas de seguimiento y evitar interrumpir.

La comunicación efectiva es fundamental tanto en el trabajo como en la vida personal. Al practicar la escucha activa y mostrar interés genuino en los demás, podemos mejorar nuestras habilidades de comunicación y construir relaciones sólidas y equipos exitosos en todos los aspectos de nuestra vida.

Prólogo

La comunicación efectiva es una habilidad fundamental en todos los aspectos de nuestra vida, tanto en el ámbito laboral como en la vida personal. La capacidad de comunicarse de manera clara y efectiva es esencial para establecer relaciones sólidas y equipos exitosos. Este libro, "Estrategias efectivas de comunicación para construir relaciones y equipos sólidos", presenta una guía práctica para mejorar nuestras habilidades de comunicación y establecer relaciones saludables y duraderas con los demás.

En este libro, se presentan estrategias y habilidades para mejorar la comunicación, como la escucha activa, la empatía, la claridad y el asertividad. Estas estrategias se pueden aplicar tanto en el ámbito laboral como en la vida personal, y pueden ayudar a mejorar la colaboración, la productividad y la calidad de nuestras relaciones.

Este libro es una herramienta valiosa para aquellos que buscan mejorar sus habilidades de comunicación y establecer relaciones sólidas y equipos exitosos. Los autores han recopilado información de diversas fuentes y han presentado estrategias prácticas y efectivas para mejorar la comunicación en todos los aspectos de nuestra vida.

Esperamos que este libro sea una guía útil para aquellos que buscan mejorar sus habilidades de comunicación y establecer relaciones sólidas y equipos exitosos. Al aplicar las estrategias presentadas en este libro, podemos mejorar nuestra capacidad de comunicación y establecer relaciones saludables y duraderas con los demás.

LA IMPORTANCIA DE LA COMUNICACIÓN EFECTIVA EN LAS RELACIONES Y EQUIPOS.

La comunicación efectiva es un pilar fundamental tanto en las relaciones personales como en el ámbito profesional. Su importancia radica en múltiples beneficios que impactan directamente en la productividad, la colaboración y el ambiente laboral, así como en la solidez de las relaciones interpersonales.

Mejora la productividad: Una comunicación efectiva en el entorno laboral se traduce en una mayor productividad. Esto se debe a que los empleados comprenden claramente sus tareas y responsabilidades, lo que les permite realizar su trabajo de manera más eficiente. Por el contrario, la falta de comunicación puede llevar al desaprovechamiento del potencial de los empleados.

Facilita el trabajo en equipo: La comunicación efectiva es esencial para un trabajo en equipo exitoso, ya que permite a los miembros comunicarse de manera clara y directa. Además, fomenta la confianza y la colaboración entre los integrantes. Un equipo que se comunica de forma clara tiende a ser más eficiente y productivo, creando un ambiente de trabajo agradable e idóneo para todos.

Evita malentendidos: Una comunicación eficaz ayuda a prevenir malentendidos y errores en la interpretación del mensaje. Esto asegura que el mensaje sea transmitido de manera asertiva y respetuosa, lo que a su vez puede ahorrar tiempo y recursos que se gastarían en corregir errores.

Fortalece las relaciones: En la vida personal, la comunicación es crucial para establecer relaciones saludables y duraderas. Permite a las personas conocerse mejor, compartir intereses y culturas, y mostrar aprecio genuino por los demás. En general, la comunicación nos permite expresar ideas, sentimientos y emociones, interactuar y comprender las necesidades y deseos de los demás.

Mejora el liderazgo: La comunicación efectiva es indispensable para un liderazgo eficaz. Permite a los líderes comunicarse de manera clara y directa, transmitiendo correctamente los propósitos de la empresa. Un liderazgo que se comunica efectivamente es capaz de guiar a su equipo hacia el logro de los objetivos.

En resumen, la comunicación efectiva es crucial para construir relaciones y equipos sólidos, mejorar la productividad, evitar malentendidos y fortalecer el liderazgo. Es fundamental desarrollar habilidades comunicativas y de trabajo en equipo, aplicándolas tanto en el ámbito laboral como en la vida personal.

¿CÓMO LA COMUNICACIÓN EFECTIVA PUEDE MEJORAR LA PRODUCTIVIDAD EN UN EQUIPO DE TRABAJO?

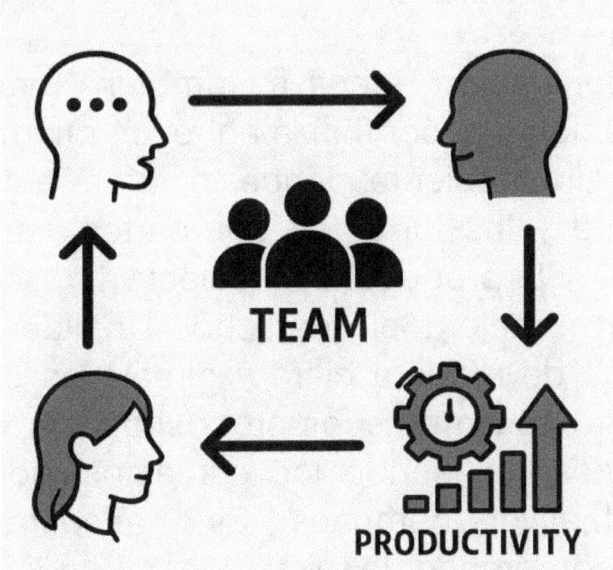

La comunicación efectiva es un factor determinante para potenciar la productividad en un equipo de trabajo, manifestándose de diversas formas que impactan directamente en el desempeño y el ambiente laboral.

En primer lugar, la comunicación efectiva proporciona claridad en las tareas y responsabilidades. Cuando los empleados comprenden con precisión sus funciones, pueden ejecutar su trabajo de manera más eficiente y efectiva. Esta claridad elimina la ambigüedad, permitiendo que cada miembro del equipo sepa exactamente qué se espera de él.

Además, evita malentendidos y errores en la interpretación del mensaje. Esto es crucial para ahorrar tiempo y recursos que de otra manera se desperdiciarían en corregir equivocaciones o retrabajar tareas debido a una comunicación deficiente.

La comunicación efectiva también fomenta la colaboración y la confianza entre los miembros del equipo. Un ambiente donde la información fluye libremente y las ideas se comparten, impulsa la eficiencia y la productividad colectiva.

Asimismo, mejora el liderazgo. Un líder que se comunica de manera clara y directa es capaz de transmitir eficazmente los propósitos y la visión de la empresa, alineando los esfuerzos individuales hacia objetivos comunes. Esto asegura que el equipo comprenda la dirección estratégica y se sienta parte integral del camino hacia el éxito.

Finalmente, una comunicación clara contribuye a la creación de un ambiente laboral agradable. Un equipo que se comunica de manera efectiva es más proactivo y tiende a ser más eficiente y productivo, lo que se traduce en un clima organizacional óptimo para todos sus integrantes.

En síntesis, el desarrollo y la aplicación de habilidades comunicativas son esenciales para que los equipos entiendan sus roles, colaboren sin fricciones, operen bajo un liderazgo claro y disfruten de un entorno de trabajo positivo, lo cual repercute directamente en su productividad y en el logro de los objetivos empresariales.

¿QUÉ TÉCNICAS SE PUEDEN UTILIZAR PARA MEJORAR LA COMUNICACIÓN EN UN EQUIPO DE TRABAJO?

Para optimizar la comunicación en un equipo de trabajo y potenciar su eficiencia, se pueden implementar diversas técnicas probadas y efectivas. Estas estrategias no solo abordan la transmisión de información, sino que también cultivan un ambiente de confianza y colaboración, elementos esenciales para el éxito organizacional. A continuación, se detallan y amplían las técnicas clave para mejorar la comunicación en un equipo de trabajo:

- **Resolver rápidamente los conflictos:** Es crucial abordar las discrepancias de manera ágil y efectiva para evitar que escalen y se conviertan en problemas mayores. Un conflicto no resuelto puede minar la moral y la productividad del equipo. La capacidad de resolver conflictos rápidamente crea un ambiente de trabajo más seguro y cómodo para los miembros del equipo, lo que a su vez fomenta una mayor participación.
- **Fomentar la participación:** Es fundamental que todos los miembros del equipo tengan la oportunidad de expresar sus ideas y contribuir. Esto no solo enriquece las discusiones, sino que también estimula la creatividad y la innovación dentro del equipo. Promover la participación activa hace que los miembros se sientan escuchados y valorados.
- **Incentivar las comunicaciones ascendentes:** Los miembros del equipo deben sentirse cómodos para comunicar sus ideas, sugerencias y preocupaciones a sus superiores. Esta práctica fortalece la confianza y la colaboración, ya que los líderes

pueden estar al tanto de las necesidades y problemas desde la base, permitiendo una toma de decisiones más informada y soluciones más rápidas.

- **Favorecer la transparencia:** Compartir la información de manera clara y abierta entre todos los miembros del equipo es vital para evitar malentendidos y mejorar la eficiencia. La transparencia fomenta la confianza y la credibilidad, haciendo que los empleados se sientan más involucrados y alineados con los objetivos de la organización. Implementar la transparencia puede evaluarse midiendo la participación de los empleados, la eficiencia, la credibilidad, la reducción de conflictos y la innovación.

- **Comprender los estilos de comunicación del equipo:** Es importante reconocer y entender las diferentes formas en que los miembros del equipo se comunican. Esta comprensión mutua mejora la empatía y facilita una interacción más fluida, adaptando el mensaje a las preferencias de cada individuo.

- **Establecer una política de puertas abiertas:** Crear un ambiente donde los miembros del equipo se sientan libres de comunicarse con sus superiores y compañeros de trabajo sin formalidades excesivas, fomenta la confianza y la colaboración. Esta accesibilidad puede mejorar significativamente el flujo de información y la resolución de problemas.

- **Organizar reuniones con regularidad:** Realizar encuentros periódicos para discutir proyectos y tareas pendientes es fundamental para mejorar la comunicación y la coordinación del equipo. Es importante que estas reuniones sean efectivas, con objetivos claros, duración limitada y participación activa de todos los asistentes.

- **Definir funciones de forma explícita:** Cada miembro del equipo debe tener una comprensión clara y precisa de sus tareas y responsabilidades. Esta delimitación explícita mejora la eficiencia y la productividad, evitando superposiciones o vacíos en las responsabilidades.

- **Crear un glosario de la empresa:** Unificar y clarificar los términos y la jerga específica utilizada en la organización asegura que todos los miembros del equipo hablen un "idioma" común. Esto mejora la comprensión interna y la eficiencia en la comunicación.

- **Asignar una persona responsable de la comunicación:** Designar a un individuo para gestionar y coordinar la comunicación dentro del equipo puede centralizar los esfuerzos y mejorar la eficiencia comunicativa. Esta persona se asegurará de que la información fluya de manera adecuada y oportuna.

La aplicación sistemática de estas técnicas es crucial para fortalecer la comunicación y la eficiencia del equipo, contribuyendo a un entorno laboral más armónico y productivo.

¿CÓMO SE PUEDE FOMENTAR LA PARTICIPACIÓN EN LA COMUNICACIÓN DEL EQUIPO?

Para fomentar una participación activa y efectiva en la comunicación de un equipo de trabajo, es esencial implementar un conjunto de técnicas que refuercen la confianza, la apertura y el sentido de pertenencia entre sus miembros. La participación no solo enriquece las discusiones, sino que también es un motor para la creatividad, la innovación y la resolución de problemas.

A continuación, se detallan y amplían las técnicas clave para fomentar la participación en la comunicación del equipo:

- **Resolver rápidamente los conflictos:** Cuando los conflictos se abordan y resuelven con celeridad, se genera un ambiente de trabajo más seguro y cómodo para los miembros del equipo. Esta agilidad en la resolución previene que las tensiones escalen, lo que a su vez fomenta una mayor disposición a participar y expresar ideas sin temor a represalias o confrontaciones prolongadas.
- **Incentivar las comunicaciones ascendentes:** Es fundamental que los miembros del equipo se sientan en libertad de comunicar sus ideas y preocupaciones a sus superiores. Un entorno donde la información fluye de abajo hacia arriba mejora la confianza y la colaboración en el equipo, ya que los empleados perciben que sus opiniones son valoradas y que pueden influir en las decisiones.
- **Favorecer la transparencia:** La transparencia en la comunicación interna es un pilar para fomentar la participación del equipo. Cuando la información relevante se comparte de manera abierta y clara, los miembros se sienten más involucrados en los proyectos y en la visión general de la empresa. Esto no solo evita malentendidos, sino que también refuerza el sentido de pertenencia y responsabilidad compartida.

- **Comprender los estilos de comunicación del equipo:** Conocer y respetar las diferentes formas en que los miembros del equipo se comunican mejora la comprensión y la empatía entre ellos. Esta comprensión facilita que cada individuo adapte su estilo, promoviendo así una participación más fluida y cómoda para todos.

- **Promover la cohesión:** La cohesión es un factor crucial para fomentar la participación en el equipo. Se puede fortalecer a través de actividades de integración, relajación y convivencia, tanto dentro como fuera del entorno laboral. Estas iniciativas construyen lazos interpersonales y un sentido de unidad que anima a los miembros a contribuir activamente.

- **Manifestar la importancia de la comunicación:** Hacer un énfasis constante en la relevancia de la comunicación puede concientizar a los miembros del equipo sobre su valor como herramienta para resolver conflictos interpersonales y promover un ambiente de libertad de expresión y respeto mutuo. Recordarles activamente que la comunicación es la clave para la resolución de problemas y el crecimiento colectivo incentiva su uso.

- **Incentivar al equipo:** La implementación de programas de incentivos puede ser una estrategia efectiva para fomentar la participación de los miembros del equipo. Estos incentivos, que pueden ser monetarios o de reconocimiento, mejoran la motivación y el compromiso, impulsando a los individuos a involucrarse más en las actividades y discusiones del equipo.

Al aplicar estas técnicas de manera consistente, las organizaciones pueden crear un entorno donde la participación en la comunicación no solo es esperada, sino activamente cultivada, lo que se traduce en un equipo más comprometido, innovador y exitoso.

¿Cuáles son las ventajas y desventajas de utilizar herramientas de comunicación en línea?

Las herramientas de comunicación en línea han transformado radicalmente la forma en que interactuamos, ofreciendo un abanico de ventajas significativas, pero también presentando desventajas considerables que deben ser evaluadas cuidadosamente.

Ventajas de las herramientas de comunicación en línea:

- **Rentabilidad y Accesibilidad Global:** Son más económicas en comparación con las reuniones físicas, eliminando costos de transporte y alojamiento. Ofrecen una fácil conectividad desde cualquier lugar del mundo, lo que permite la comunicación a distancia y en cualquier momento.

- **Fomento de la Interacción y Colaboración:** Promueven la interacción entre personas, el intercambio de información y el trabajo en equipo. Facilitan la difusión de contenidos propios y el acceso a múltiples contenidos y diversas fuentes de información. Permiten compartir y colaborar en documentos en tiempo real.
- **Velocidad y Eficiencia:** La comunicación es más rápida y en tiempo real. Simplifican procesos y fomentan el desarrollo de nuevas habilidades. Además, facilitan la compra y venta de productos y servicios.
- **Mayor Interacción y Flexibilidad:** Posibilitan una mayor interacción entre los usuarios. La capacidad de comunicarse con individuos a cualquier distancia y en cualquier momento rompe barreras geográficas.

Desventajas de las herramientas de comunicación en línea:

- **Riesgos para la Privacidad y Seguridad:** Pueden generar sobreexposición y reducir la intimidad. Existe el riesgo de difusión de información y datos privados, así como la suplantación de identidad de otros usuarios. El anonimato en línea puede generar muchos problemas.

- **Impacto en las Relaciones Interpersonales:** Tienden a perder los vínculos cara a cara entre los individuos, lo que puede llevar a un mayor aislamiento.
- **Desinformación y Contenido Malicioso:** Facilitan la divulgación de información falsa. También existe el riesgo de un mal uso de las redes sociales y la pérdida de archivos entre la red. Las extorsiones vía internet son una preocupación real.
- **Riesgo de Aislamiento:** A pesar de la conectividad, el uso excesivo puede paradójicamente conducir al aislamiento social.

Es fundamental que los equipos evalúen estas ventajas y desventajas antes de integrar plenamente las herramientas de comunicación en línea en su dinámica, buscando un equilibrio que maximice los beneficios y minimice los riesgos para una comunicación efectiva y segura.

¿CÓMO SE PUEDEN SUPERAR LAS DESVENTAJAS DE LA COMUNICACIÓN EN LÍNEA?

Para mitigar las desventajas inherentes a la comunicación en línea y optimizar su uso, es crucial implementar un conjunto de estrategias que promuevan la seguridad, la autenticidad y la eficiencia. Estas técnicas no solo buscan contrarrestar los riesgos, sino también fomentar un entorno de comunicación más saludable y productivo.

A continuación, se profundiza en las técnicas para superar las desventajas de la comunicación en línea:

- **Establecer límites claros en el uso de herramientas en línea:** Es fundamental definir fronteras precisas para el uso de las plataformas de comunicación digital. Esto ayuda a prevenir la sobreexposición y a proteger la privacidad, dos de las principales preocupaciones en el entorno digital. Por ejemplo, se pueden establecer momentos específicos del día para responder correos electrónicos o mensajes, evitando la constante disponibilidad que a veces se exige en el entorno laboral virtual.

- **Fomentar la comunicación abierta y honesta en el entorno de trabajo:** Para contrarrestar la pérdida de vínculos cara a cara, es vital cultivar una cultura de apertura y sinceridad. Esto implica crear un ambiente donde los individuos se sientan cómodos expresando sus ideas y preocupaciones de forma directa, sin recurrir a la ambigüedad que a veces propician las herramientas en línea.

- **Promover la interacción en persona:** A pesar de la comodidad de la conectividad remota, es esencial incentivar encuentros físicos entre los miembros del equipo. Las interacciones cara a cara son irremplazables para construir relaciones sólidas, fomentar la confianza y prevenir el aislamiento que el uso exclusivo de plataformas digitales puede generar. Esto puede incluir reuniones periódicas en persona, eventos de team-building o incluso pausas para café conjuntas.

- **Establecer protocolos de seguridad robustos:** Para mitigar los riesgos de suplantación de identidad y difusión de información privada, es imperativo implementar y hacer cumplir protocolos de seguridad estrictos. Esto abarca desde el uso de contraseñas seguras y la autenticación de dos factores hasta la encriptación de datos sensibles y la formación constante del personal en ciberseguridad.

- **Fomentar el pensamiento crítico para discernir la información:** Ante la proliferación de información falsa en línea, es crucial capacitar a los miembros del equipo para que desarrollen y apliquen el pensamiento crítico. Esto les permitirá evaluar la veracidad y fiabilidad de la información recibida, evitando la propagación de datos incorrectos y fomentando una cultura de verificación.

- **Establecer horarios de trabajo definidos para evitar la pérdida de productividad:** La flexibilidad de las herramientas en línea puede difuminar las fronteras entre la vida laboral y personal. Establecer horarios de trabajo claros y respetar el tiempo de desconexión es fundamental para evitar la sobrecarga, la distracción y la disminución de la productividad. Esto contribuye a un mejor equilibrio entre el trabajo y la vida personal.

- **Capacitar continuamente en el uso efectivo de las herramientas de comunicación:** La formación constante es clave para que los miembros del equipo utilicen las herramientas en línea de manera eficiente y segura. Esto no solo previene la pérdida de archivos o la victimización por extorsiones en línea, sino que también optimiza el aprovechamiento de todas las funcionalidades que estas plataformas ofrecen.

La implementación consciente de estas técnicas permitirá a los equipos aprovechar al máximo el potencial de la comunicación en línea, minimizando sus desventajas y fomentando un entorno de trabajo más seguro, colaborativo y productivo.

¿CÓMO SE PUEDEN PLANIFICAR MEJOR LAS REUNIONES EN LÍNEA PARA SUPERAR LAS DESVENTAJAS?

Para optimizar las reuniones en línea y transformar sus posibles desventajas en oportunidades de eficiencia, una planificación meticulosa y la aplicación estratégica de diversas técnicas son fundamentales. El objetivo es maximizar la participación, mantener la atención y asegurar resultados tangibles, a pesar de la distancia física.

A continuación, se detalla cómo planificar y ejecutar reuniones en línea de manera más efectiva:

- **Establecer un objetivo claro y una agenda definida:** Antes de convocar la reunión, es imperativo que el organizador defina con precisión el objetivo principal de la misma y desarrolle una agenda detallada. Esta claridad permite a los participantes saber qué se espera de ellos y prepararse adecuadamente, optimizando el tiempo de la reunión. Sin un propósito definido, las reuniones pueden divagar y carecer de un rumbo productivo.

- **Limitar la duración de la reunión:** Las reuniones virtuales suelen ser más extenuantes que las presenciales. Por ello, es altamente recomendable limitar su duración para preservar la atención y la productividad de los participantes. La fatiga por la pantalla puede reducir la concentración y el compromiso.

- **Utilizar herramientas de colaboración en tiempo real:** Durante la sesión, el uso de herramientas de colaboración en tiempo real, como pizarras virtuales o documentos compartidos, es invaluable. Estas plataformas facilitan la participación activa, permiten el seguimiento conjunto de los temas discutidos y promueven la interactividad, a diferencia de las simples presentaciones pasivas.

- **Fomentar la participación activa:** Para evitar que los asistentes se desconecten o se distraigan, es crucial implementar estrategias que promuevan la interacción constante. Esto incluye realizar preguntas directas, solicitar opiniones a cada participante y asignar tareas específicas durante la reunión para mantener el compromiso. Convocar solo a las personas necesarias para la reunión también ayuda a evitar distracciones y aumenta la participación.

- **Proporcionar un resumen y un seguimiento detallado:** Al concluir la reunión, es indispensable ofrecer un resumen conciso de los temas abordados y los acuerdos alcanzados. Además, es crucial establecer un seguimiento claro de las tareas asignadas, asegurando que todos los participantes estén informados sobre los próximos pasos y las responsabilidades individuales. Esto cierra el ciclo de comunicación y refuerza el compromiso con las acciones futuras.

- **Realizar pruebas técnicas previas:** Antes del inicio de cualquier reunión en línea, es vital llevar a cabo pruebas técnicas exhaustivas. Esto garantiza que todos los participantes puedan acceder y utilizar correctamente las herramientas de comunicación en línea, minimizando interrupciones por problemas técnicos. Una prueba previa puede incluir la verificación de la conexión a internet, el audio, el video y la compatibilidad del software.

- **Estructurar la reunión con claridad:** La forma en que se estructura la reunión es fundamental. Es importante que todos los participantes sepan exactamente en qué momento pueden hacer preguntas o comentarios, evitando interrupciones innecesarias y asegurando un flujo ordenado de la discusión.

- **Emplear herramientas de participación complementarias:** Existen herramientas digitales que pueden enriquecer las reuniones en línea, haciéndolas más dinámicas y participativas. Ejemplos como Mentimeter, Miro o Quizizz permiten realizar encuestas en vivo, crear nubes de palabras o implementar cuestionarios interactivos, lo que aumenta el engagement de la audiencia.

Al integrar estas técnicas, las organizaciones pueden transformar las reuniones en línea en encuentros productivos y atractivos, superando sus desventajas inherentes y aprovechando al máximo el potencial de la colaboración virtual.

¿QUÉ ESTRATEGIAS SE PUEDEN UTILIZAR PARA MEJORAR LA PARTICIPACIÓN EN LAS REUNIONES EN LÍNEA?

Para maximizar la participación y la eficiencia en las reuniones en línea, es fundamental implementar estrategias específicas que aborden tanto la estructura como la dinámica de la interacción virtual.

A continuación, se presentan y amplían las estrategias clave para mejorar la participación en las reuniones en línea:

- **Establecer un objetivo claro y una agenda concisa:** Antes de la reunión, es indispensable definir con precisión el objetivo y la agenda para que los participantes sepan qué se espera de ellos y puedan prepararse adecuadamente. Esta claridad inicial enfoca la atención y dirige las contribuciones hacia un fin común, evitando dispersiones.

- **Limitar la duración de la reunión:** Las reuniones en línea pueden ser más agotadoras que las presenciales. Por lo tanto, se recomienda limitar su duración para mantener la atención y la productividad de los participantes. Tiempos más cortos incentivan la concisión y la preparación previa.

- **Estructurar la reunión con claridad:** Es crucial organizar la reunión de manera que todos los participantes entiendan cuándo y cómo pueden intervenir. Una estructura clara, con

25

subtítulos o secciones bien delimitadas, facilita la comprensión del flujo y anima a las personas a intervenir en los momentos oportunos.

- **Fomentar la participación activa:** Para evitar que los participantes se desconecten o se distraigan, es vital promover su involucramiento constante. Esto se logra realizando preguntas directas, solicitando opiniones a cada miembro y asignando tareas específicas durante la sesión.
- **Convocar solo a las personas necesarias:** Incluir únicamente a quienes tienen una participación relevante en la discusión ayuda a evitar distracciones y aumenta el compromiso. Un número reducido de participantes facilita una interacción más profunda y significativa.
- **Utilizar herramientas de colaboración en tiempo real:** Incorporar herramientas como pizarras virtuales o documentos compartidos es muy útil para facilitar la participación y el seguimiento de los temas. Estas plataformas permiten una interacción dinámica, donde las ideas pueden ser visualizadas y editadas por todos en el momento.
- **Proporcionar un resumen y un seguimiento de los acuerdos:** Al finalizar la reunión, es recomendable enviar un resumen de los temas tratados y los acuerdos alcanzados.

Un seguimiento de las tareas asignadas asegura que todos los participantes conozcan los próximos pasos y sus responsabilidades, reforzando el compromiso y la eficiencia del equipo.

- **Implementar herramientas de participación digital:** Existen diversas herramientas digitales diseñadas para hacer las reuniones en línea más interactivas y participativas. Plataformas como Menti, Miro y Quizizz permiten realizar encuestas en vivo, crear nubes de palabras, lanzar cuestionarios y facilitar sesiones de preguntas y respuestas, lo que enriquece la experiencia y fomenta la interacción. Estas herramientas son valiosas para recoger opiniones, dinamizar el debate y mantener a la audiencia comprometida.

La aplicación conjunta de estas estrategias puede transformar las reuniones en línea en espacios altamente productivos y atractivos, optimizando la comunicación y la eficiencia del equipo.

Comunicación verbal y no verbal: Cómo transmitir mensajes claros y efectivos.

La comunicación es una habilidad esencial para la interacción humana, que se manifiesta a través de mensajes verbales y no verbales. Transmitir mensajes claros y efectivos requiere una comprensión profunda y un uso hábil de ambos tipos de comunicación.

La **comunicación verbal** se refiere a la transmisión de información a través del lenguaje hablado o escrito. Su éxito depende directamente de la claridad de los mensajes y la compatibilidad del vocabulario entre emisor y receptor. Para mejorar la comunicación verbal, es fundamental:

- **Escuchar de forma activa:** Prestar atención completa a lo que la otra persona está diciendo, sin interrumpir y mostrando interés genuino. Esto no solo ayuda a comprender mejor a los demás, sino que también les muestra que se valora su perspectiva y opiniones.

- **Hablar de forma clara y eficaz:** Utilizar un lenguaje sencillo y directo, evitando jergas innecesarias, para asegurar que el mensaje sea comprensible para todos los miembros del equipo.
- **Utilizar el humor para captar la atención:** El humor, cuando es apropiado y bien empleado, puede hacer que la comunicación sea más amena y ayudar a mantener el interés del oyente.
- **Cuidar el tono de voz:** El tono de voz influye significativamente en cómo se percibe el mensaje. Un tono adecuado puede generar confianza y cercanía, mientras que un tono monótono o agresivo puede desinteresar o generar rechazo.

La **comunicación no verbal**, por su parte, abarca todo aquello que no se expresa con palabras, como el lenguaje corporal, las expresiones faciales y las inflexiones vocales. Es crucial porque proporciona información valiosa sobre la situación, el estado emocional de una persona y cómo se recibe la información. Para mejorar la comunicación no verbal, se sugiere:

- **Desarrollar la inteligencia emocional:** Esta habilidad permite reconocer y comprender las emociones propias y ajenas, lo que a su vez mejora la capacidad de interpretar y utilizar las señales no verbales de manera más efectiva.

- **Mejorar las habilidades de escucha activa:** Al estar plenamente atento al hablante, se pueden captar mejor las señales no verbales que complementan el mensaje verbal.
- **Buscar discrepancias entre las señales verbales y no verbales:** A veces, las palabras y el lenguaje corporal pueden ser contradictorios. Detectar estas incongruencias permite comprender el verdadero mensaje que se está transmitiendo.
- **Observar el lenguaje corporal, las expresiones faciales y las inflexiones vocales:** Prestar atención a estos elementos clave ayuda a obtener información valiosa sobre cómo se siente una persona y cómo está recibiendo el mensaje.

En conjunto, dominar tanto la comunicación verbal como la no verbal es esencial para que dos o más personas puedan compartir conversaciones objetivas y enriquecer el diálogo, expresando ideas, sentimientos y emociones de manera clara y concisa. La comunicación efectiva requiere tanto una comunicación eficaz (que cumpla el objetivo del mensaje) como una comunicación asertiva (que transmita mensajes claros y directos sin agredir).

¿CUÁLES SON LAS DIFERENCIAS ENTRE LA COMUNICACIÓN VERBAL Y NO VERBAL?

La comunicación, en su esencia, es el proceso de intercambio de información entre individuos, y se manifiesta en dos formas principales: verbal y no verbal. Aunque complementarias, presentan diferencias distintivas que impactan la forma en que los mensajes son transmitidos y percibidos.

Comunicación Verbal: La comunicación verbal se basa en el uso del lenguaje hablado o escrito para transmitir información. Sus características principales son:

- **Facilidad de control:** Es relativamente más fácil de controlar, especialmente si se domina el idioma.
- **Precisión y detalle:** Puede ser más precisa y detallada en la transmisión de mensajes específicos.
- **Memorabilidad y registro:** Tiende a ser más fácil de recordar y, sobre todo, de registrar y documentar.
- **Claridad del mensaje:** Su éxito depende completamente de la claridad de los mensajes transmitidos y de la compatibilidad del vocabulario entre los participantes.

Comunicación No Verbal: La comunicación no verbal utiliza el lenguaje corporal, las expresiones faciales y las inflexiones vocales para transmitir información. Sus rasgos distintivos incluyen:

- **Dificultad de control:** Es más difícil de controlar conscientemente que la comunicación verbal.

- **Ambigüedad y subjetividad:** Puede ser más ambigua y subjetiva, lo que la hace susceptible a diversas interpretaciones.

- **Menor facilidad de registro:** Resulta más difícil de recordar y de registrar o documentar que la comunicación verbal.

- **Riqueza de información:** Proporciona información valiosa sobre el estado emocional de una persona, cómo se recibe la información y la dinámica de interacción. Incluye aspectos como los movimientos corporales, la postura, el contacto visual, los aspectos vocales no lingüísticos (paralenguaje) y la proximidad física (proxémica).

En conjunto, la comunicación verbal y no verbal son interdependientes; se retroalimentan mutuamente para enriquecer el significado de un mensaje, haciéndolo más amplio y comprensible. Aunque a menudo subestimada, la comunicación no verbal ejerce una influencia considerable en la percepción y comprensión de los mensajes. Por ello, las personas en posiciones de liderazgo o alta responsabilidad deben dominar ambos tipos de comunicación para transmitir mensajes claros y efectivos.

¿CÓMO SE PUEDE UTILIZAR LA COMUNICACIÓN NO VERBAL PARA MEJORAR LA COMUNICACIÓN VERBAL?

La comunicación no verbal es un componente poderoso que, cuando se utiliza de manera consciente y estratégica, puede potenciar significativamente la efectividad de la comunicación verbal. No se trata solo de lo que se dice, sino de cómo el cuerpo, el rostro y la voz respaldan o matizan el mensaje hablado.

Aquí se detalla cómo la comunicación no verbal puede mejorar la verbal:

- **Desarrollar la inteligencia emocional:** La inteligencia emocional, definida como la capacidad de reconocer y comprender las emociones propias y ajenas, es crucial para mejorar la comunicación no verbal. Al desarrollar esta habilidad, se facilita una mejor interpretación de las señales no verbales, lo que a su vez optimiza la comunicación verbal. Esta comprensión emocional permite adaptar el mensaje verbal para que resuene mejor con el interlocutor.

- **Mejorar las habilidades de escucha activa:** La escucha activa implica prestar atención plena no solo a las palabras, sino también a cómo se dicen. Al perfeccionar la escucha activa, se incrementa la capacidad para comprender la comunicación no verbal, lo que, por extensión, mejora la comprensión del mensaje verbal completo. Esto incluye observar gestos, expresiones faciales y tono de voz.

- **Buscar discrepancias entre las señales verbales y no verbales:** En ocasiones, los mensajes verbales y no verbales pueden ser contradictorios. Identificar estas inconsistencias permite al receptor comprender el mensaje subyacente o la verdadera intención del emisor, incluso si las palabras no lo expresan directamente. Esta habilidad es vital para descodificar la comunicación de manera más precisa.

- **Utilizar gestos abiertos:** Los gestos que denotan apertura, como mantener las manos abiertas y los brazos relajados, transmiten confianza y receptividad. Estos gestos complementan el mensaje verbal, haciendo que el interlocutor se sienta más a gusto y dispuesto a escuchar, lo que mejora la efectividad de la comunicación verbal.

- **Mostrar expresividad, pero sin sobreactuar:** La expresividad en la comunicación no verbal es importante para añadir énfasis y emoción al mensaje verbal. Sin embargo, es crucial evitar la sobreactuación, ya que puede percibirse como artificial o poco sincera. Una expresividad genuina refuerza la comunicación verbal sin distraer o generar desconfianza.

- **Utilizar la sonrisa como parte del repertorio regular:** La sonrisa es una señal no verbal universal que denota amabilidad y apertura. Incorporar la sonrisa de manera regular y auténtica en las interacciones mejora la comunicación no verbal y, por ende, la verbal, creando un ambiente más positivo y receptivo para el intercambio de ideas.

La aplicación consciente de estas técnicas de comunicación no verbal permite reforzar, clarificar y enriquecer los mensajes verbales, lo que se traduce en una comunicación más efectiva y en una mayor eficiencia en el equipo.

¿CUÁLES SON ALGUNOS CONSEJOS PARA DECODIFICAR SEÑALES NO VERBALES EN LA COMUNICACIÓN VERBAL?

ara decodificar eficazmente las señales no verbales en la comunicación verbal y, de este modo, obtener una comprensión más completa del mensaje, es fundamental desarrollar un conjunto de habilidades perceptivas y emocionales. Estas habilidades permiten ir más allá de las palabras y captar los matices que enriquecen la interacción.

A continuación, se presentan consejos para decodificar señales no verbales, con énfasis en cómo cada uno contribuye a una mejor comprensión:

- **Desarrollar la inteligencia emocional:** La inteligencia emocional es la capacidad de reconocer y comprender las emociones propias y ajenas. Al potenciar esta capacidad, se mejora la habilidad para interpretar las señales no verbales, lo que a su vez profundiza la comprensión de la comunicación verbal. Esto se debe a que las emociones a menudo se manifiestan a través de signos no verbales, y entenderlas permite una decodificación más precisa del mensaje completo.

- **Mejorar las habilidades de escucha activa:** La escucha activa implica prestar atención no solo a lo que se dice, sino también a *cómo* se dice. Al afinar la escucha activa, se incrementa la capacidad para captar y comprender las señales no verbales, lo que facilita una mejor interpretación de la comunicación verbal en su totalidad. Esto incluye ser consciente de los gestos, el tono y las expresiones que acompañan a las palabras.

- **Buscar discrepancias entre las señales verbales y no verbales:** En ocasiones, las palabras y las señales no verbales pueden contradecirse. Prestar atención a estas inconsistencias es crucial, ya que permite identificar si el mensaje verbal se alinea con la expresión no verbal. Reconocer estas discrepancias ayuda a comprender el verdadero significado o la emoción subyacente que se intenta transmitir.

- **Observar el lenguaje corporal:** El lenguaje corporal es una fuente rica de información sobre cómo se siente una persona y cómo está recibiendo el mensaje. Al observar detenidamente la postura, los gestos y los movimientos, se pueden obtener pistas valiosas que complementan o incluso redefinen el mensaje verbal.
- **Prestar atención a las expresiones faciales:** Las expresiones faciales son indicadores directos del estado emocional y de la forma en que una persona está procesando la información. Al observar estas expresiones, se puede comprender mejor cómo se siente el interlocutor y cómo está interpretando el mensaje verbal.
- **Observar las inflexiones vocales:** Las inflexiones vocales (tono, volumen, ritmo y timbre de voz) ofrecen información valiosa sobre las emociones y el énfasis que una persona pone en sus palabras. Prestar atención a estas variaciones permite una mejor comprensión de las señales no verbales y, por ende, de la comunicación verbal.
- **Practicar la empatía:** La empatía es la capacidad de ponerse en el lugar de otra persona y comprender sus sentimientos y perspectivas. Al cultivar la empatía, se fortalece la habilidad para interpretar las

señales no verbales, lo que a su vez mejora la comprensión de la comunicación verbal al permitir una conexión más profunda con el estado emocional del otro.

La aplicación sistemática de estos consejos contribuye significativamente a una comunicación más efectiva y a la eficiencia del equipo, al permitir una decodificación más precisa y matizada de los mensajes en todas sus formas.

¿CÓMO SE PUEDE PRACTICAR LA OBSERVACIÓN DEL LENGUAJE CORPORAL PARA DECODIFICAR SEÑALES NO VERBALES?

Para dominar la habilidad de observar el lenguaje corporal y decodificar las señales no verbales, lo que a su vez enriquecerá la comprensión de la comunicación verbal, es fundamental adoptar una metodología consciente y empática. Esto implica un entrenamiento activo de la percepción y una disposición a interpretar los mensajes más allá de las palabras.

A continuación, se detalla cómo practicar la observación del lenguaje corporal:

- **Mirar, observar y callar antes de sacar conclusiones**: Antes de formular cualquier juicio o interpretación, es crucial adoptar una postura de observación pasiva pero atenta. Esto significa tomarse un momento para simplemente mirar y asimilar las señales no verbales sin reaccionar de inmediato. Esta fase inicial permite una recopilación más objetiva de la información.

- **Prestar atención a la posición del cuerpo**: La postura de una persona puede revelar mucho sobre su estado de ánimo y cómo está recibiendo un mensaje. Por ejemplo, una postura abierta y relajada puede indicar receptividad, mientras que una postura tensa o cruzada podría sugerir incomodidad o resistencia.

- **Observar los gestos**: Los gestos son movimientos de las manos, brazos o cabeza que acompañan al habla. Pueden reforzar, complementar o incluso contradecir el mensaje verbal. Prestar atención a la frecuencia, el tamaño y la naturaleza de estos gestos ofrece información valiosa sobre el énfasis o la emoción del hablante.

- **Analizar las expresiones faciales**: El rostro es un canal primario para la expresión de emociones. Las expresiones faciales, como la sonrisa, el ceño fruncido o la elevación de cejas, proporcionan pistas inmediatas sobre cómo se siente una persona y cómo está reaccionando al mensaje.

- **Observar las inflexiones vocales**: Las inflexiones vocales incluyen el tono, el volumen, el ritmo y el timbre de la voz. Estos elementos pueden indicar emociones subyacentes o el énfasis que se le da a ciertas partes del mensaje verbal. Un cambio repentino en el tono, por ejemplo, puede señalar un punto de tensión o emoción.

- **Ponerse en modo activo y analizar el comportamiento de manera intencionada:** Es importante ir más allá de la observación casual. Ponerse en "modo activo" significa analizar el comportamiento de los demás de forma deliberada, buscando patrones y significados en las señales no verbales. Esto implica un esfuerzo consciente por descodificar lo que se está viendo y oyendo.

- **Practicar la empatía:** La empatía es la capacidad de ponerse en el lugar de otra persona y comprender sus sentimientos y perspectivas. Al cultivar la empatía, se mejora la capacidad para interpretar las señales no verbales, ya que permite una conexión más profunda con el estado emocional del interlocutor, lo que, a su vez, facilita la comprensión de la comunicación verbal.

La aplicación constante de estos consejos, tanto en el ámbito profesional como personal, contribuirá a una comunicación más efectiva y a una mayor eficiencia del equipo.

¿CÓMO SE PUEDE MEJORAR LA INTELIGENCIA EMOCIONAL PARA DECODIFICAR SEÑALES NO VERBALES EN LA COMUNICACIÓN VERBAL?

Para mejorar la inteligencia emocional y, consecuentemente, perfeccionar la decodificación de las señales no verbales en la comunicación verbal, es fundamental cultivar una serie de habilidades y prácticas interpersonales. Al comprender y responder adecuadamente a estas señales, se enriquece la interacción y se fortalece la eficiencia del equipo.

A continuación, se detalla cómo mejorar la inteligencia emocional para este fin:

- **Desarrollar la empatía:** La empatía es la capacidad de comprender los sentimientos y perspectivas de otra persona al ponerse en su lugar. Al desarrollar la empatía, se puede comprender mejor el significado de las señales no verbales y, por ende, la comunicación verbal en su totalidad.

- **Manejar el estrés:** Aprender a gestionar el estrés en momentos de tensión es crucial para mejorar la comunicación no verbal. Un estado de calma permite una observación más clara y una interpretación más precisa de las señales sutiles.

- **Observar y analizar el comportamiento de los demás intencionadamente:** Es importante adoptar un "modo activo" y analizar el comportamiento de los demás de manera consciente. Esta observación intencionada facilita una comprensión más profunda de las señales no verbales.

- **Prestar atención a la posición del cuerpo:** La postura y posición del cuerpo pueden ofrecer información valiosa sobre cómo se siente una persona y cómo está recibiendo el mensaje. Por ejemplo, una postura encorvada podría indicar desánimo, mientras que una erguida podría reflejar confianza.

- **Observar los gestos:** Los gestos, como los movimientos de las manos o los brazos, son indicadores significativos del estado emocional y del mensaje que se transmite. Prestar atención a estos movimientos puede enriquecer la comprensión del significado verbal.

- **Analizar las expresiones faciales:** Las expresiones faciales son una fuente primordial de información sobre las emociones. Reconocer la alegría, la tristeza, el enojo o la sorpresa en el rostro de una persona contribuye a una mejor decodificación del mensaje verbal.

- **Observar las inflexiones vocales:** El tono, volumen, ritmo y timbre de la voz (inflexiones vocales) proporcionan información valiosa sobre cómo se siente una persona y cómo está recibiendo el mensaje. Por ejemplo, un cambio en el tono puede indicar nerviosismo o énfasis.

La aplicación de estos consejos es fundamental para potenciar la inteligencia emocional, lo que a su vez optimiza la capacidad de decodificar señales no verbales, mejorando así la comunicación y la eficiencia del equipo.

¿CÓMO SE PUEDE APLICAR LA INTELIGENCIA EMOCIONAL PARA INTERPRETAR SEÑALES NO VERBALES EN LA COMUNICACIÓN VERBAL?

La inteligencia emocional es una habilidad crucial para interpretar y utilizar eficazmente las señales no verbales, enriqueciendo así la comunicación verbal y fortaleciendo las interacciones humanas. Al aplicar la inteligencia emocional, se logra una conexión más profunda con las emociones y pensamientos de los demás, trascendiendo las palabras.

Aquí se explica cómo aplicar la inteligencia emocional para interpretar señales no verbales en la comunicación verbal:

- **Comprender las diferencias entre la comunicación verbal y no verbal:** Para aplicar la inteligencia emocional, es esencial reconocer que la comunicación verbal se compone de palabras habladas o escritas, mientras que la comunicación no verbal abarca el lenguaje corporal, las expresiones faciales, las inflexiones vocales y otras señales no lingüísticas. Entender estas distinciones permite a los individuos adaptar su mensaje y evitar malentendidos.
- **Utilizar la comunicación no verbal para potenciar la verbal:** La comunicación no verbal influye significativamente en cómo

44

somos percibidos, pudiendo representar hasta el 80% de esta percepción. Al prestar atención a señales como el contacto visual, la postura y los gestos, se mejora la comunicación verbal, haciendo que los mensajes se transmitan con mayor claridad y efectividad. La inteligencia emocional ayuda a usar estos elementos de manera consciente para alinear el mensaje verbal con la expresión corporal.

- **Decodificar señales no verbales en la comunicación verbal:** La observación del lenguaje corporal proporciona pistas valiosas sobre los pensamientos, emociones y actitudes de los demás. Algunas señales no verbales clave a observar incluyen los ojos (que pueden indicar engaño), el contacto de la mano con la cara (posiblemente nerviosismo o duda) y la inclinación de la cabeza (interés o confusión). La inteligencia emocional agudiza la capacidad de interpretar estas señales y comprender el mensaje subyacente.

- **Practicar la observación del lenguaje corporal:** Mejorar la habilidad para decodificar señales no verbales requiere una práctica constante de la observación del lenguaje corporal en diversas situaciones. Al hacer esto, se desarrolla una mayor conciencia no solo de las señales de los demás, sino también de las propias, lo que contribuye a una mejora general de la comunicación.

- **Fortalecer la inteligencia emocional:** La inteligencia emocional es la base para interpretar y responder adecuadamente a las señales no verbales, facilitando una conexión más profunda con las emociones ajenas. Al desarrollar esta inteligencia, se potencia la capacidad de interpretar y utilizar de manera efectiva las señales no verbales en el contexto de la comunicación verbal. Esto implica un proceso continuo de autoconciencia, autorregulación, empatía y habilidades sociales.

En resumen, la aplicación de la inteligencia emocional permite una lectura más precisa de las señales no verbales, lo que a su vez complementa y clarifica la comunicación verbal, mejorando la calidad de las interacciones y el éxito en la transmisión de mensajes.

¿CÓMO SE PUEDE PRACTICAR LA INTERPRETACIÓN DE SEÑALES NO VERBALES EN LA COMUNICACIÓN VERBAL?

Para desarrollar la habilidad de interpretar las señales no verbales en la comunicación verbal y, de este modo, mejorar la comprensión general del mensaje, es fundamental comprometerse con una observación consciente y un análisis reflexivo. La práctica constante de estas técnicas afina la percepción y la empatía, permitiendo una decodificación más precisa de las interacciones.

A continuación, se detalla cómo practicar la interpretación de señales no verbales:

- **Observar y analizar el comportamiento de los demás intencionadamente:** Es crucial adoptar un enfoque activo en la observación del comportamiento de las personas. Esto significa no solo mirar, sino analizar de manera intencionada las señales no verbales para comprenderlas mejor.

- **Prestar atención a la posición del cuerpo:** La postura del cuerpo puede revelar información valiosa sobre el estado emocional y la actitud de una persona hacia el mensaje que está recibiendo o emitiendo. Por ejemplo, una postura rígida puede indicar tensión, mientras que una relajada puede sugerir apertura.

- **Observar los gestos:** Los gestos son movimientos corporales que a menudo acompañan el habla y pueden proporcionar información significativa sobre los sentimientos o el énfasis de una persona. Prestar atención a estos movimientos ayuda a decodificar mejor el mensaje no verbal.

- **Analizar las expresiones faciales:** Las expresiones faciales son indicadores directos de las emociones. Observar detenidamente cómo cambian las expresiones del rostro puede brindar información valiosa sobre cómo se siente una persona y cómo está recibiendo el mensaje verbal.

- **Observar las inflexiones vocales:** Las inflexiones vocales, como el tono, el volumen, el ritmo y el timbre de la voz, son elementos no verbales que transmiten información sobre las emociones y el significado del mensaje. Prestar atención a estas variaciones ayuda a comprender mejor lo que la persona realmente siente o quiere comunicar.

- **Practicar la empatía:** La empatía, la capacidad de ponerse en el lugar de otra persona y comprender sus sentimientos y perspectivas, es fundamental para interpretar las señales no verbales. Al desarrollar la empatía, se establece una conexión más profunda, lo que facilita la comprensión del mensaje completo, tanto verbal como no verbal.

- **Buscar discrepancias entre las señales verbales y no verbales:** En ocasiones, las palabras y las señales no verbales pueden contradecirse. Identificar estas inconsistencias es crucial, ya que si lo que se dice verbalmente no coincide con el lenguaje corporal o las expresiones faciales, se puede obtener una comprensión más precisa de la verdadera intención o el estado emocional de la persona.

La aplicación constante de estos consejos es esencial para mejorar la comunicación y la eficiencia del equipo, permitiendo una interpretación más profunda y precisa de las interacciones humanas.

¿CUÁLES SON LOS ELEMENTOS CLAVE DE LA COMUNICACIÓN NO VERBAL QUE SE DEBEN OBSERVAR PARA INTERPRETAR SEÑALES EN LA COMUNICACIÓN VERBAL?

Para interpretar eficazmente las señales no verbales en el contexto de la comunicación verbal, es crucial prestar atención a una serie de elementos clave. Estos componentes de la comunicación no verbal ofrecen información vital sobre el estado emocional del interlocutor y cómo está recibiendo el mensaje verbal.

Los elementos clave a observar son:

- **Expresiones faciales:** El rostro humano es un canal primario para la manifestación de emociones. Las expresiones faciales pueden revelar información valiosa sobre cómo se siente una persona y cómo está asimilando el mensaje verbal.

- **Movimientos corporales y postura:** La forma en que una persona mueve su cuerpo y su postura general pueden proporcionar pistas significativas sobre su estado de ánimo y cómo está recibiendo el mensaje. Por ejemplo, una postura abierta puede indicar receptividad, mientras que una postura cerrada o tensa podría sugerir incomodidad o resistencia.

- **Gestos:** Los gestos, que son movimientos específicos de manos, brazos o cabeza, son indicadores importantes de los sentimientos de una persona y de la manera en que procesa el mensaje. Pueden enfatizar un punto, ilustrar una idea o incluso contradecir lo que se dice verbalmente.

- **Contacto visual:** La dirección y duración del contacto visual son elementos poderosos para entender cómo se siente una persona y cómo está recibiendo el mensaje. Un contacto visual sostenido puede indicar interés y confianza, mientras que la evasión puede sugerir nerviosismo o incomodidad.

- **Inflexiones vocales:** Estas se refieren a las variaciones en el tono, el volumen, el ritmo y el timbre de la voz. Las inflexiones vocales pueden proporcionar información crucial sobre el estado emocional del hablante y el énfasis que le da a ciertas partes de su mensaje verbal.

- **Espacio (Proxémica):** La distancia física que una persona mantiene con respecto a otra puede revelar mucho sobre su nivel de comodidad y la naturaleza de su relación. El uso del espacio puede proporcionar información valiosa sobre cómo se siente una persona y cómo está recibiendo el mensaje.

- **Paralenguaje:** Este término engloba los aspectos no verbales del habla que acompañan al lenguaje verbal, como el tono, los silencios, la fluidez verbal, la velocidad y la entonación. Estos elementos son fundamentales para matizar el significado del mensaje verbal y a menudo transmiten más que las propias palabras.

Al prestar atención a estos elementos clave de la comunicación no verbal, se puede obtener una comprensión más profunda de cómo se siente una persona y cómo está procesando el mensaje verbal, lo que a su vez mejora la calidad general de la comunicación.

Escucha activa: Cómo escuchar y comprender a los demás.

La escucha activa es una habilidad fundamental en la comunicación interpersonal y esencial para el éxito en el trabajo en equipo. Permite comprender a los demás de manera profunda, fortalecer las relaciones y mejorar la eficacia en cualquier entorno.

A continuación, se profundiza en los aspectos clave de la escucha activa:

¿Qué es la escucha activa? La escucha activa es un proceso comunicativo que va más allá de simplemente oír. Implica prestar atención completa a lo que se está diciendo, comprender el mensaje en su totalidad y, finalmente, responder de manera adecuada y pertinente. Es un comportamiento proactivo a través del cual se demuestra la capacidad de entender al otro.

¿Por qué es importante la escucha activa? La importancia de la escucha activa radica en múltiples beneficios:

- **Mejora la comprensión:** Permite entender verdaderamente lo que dice la otra persona, conectando a un nivel más profundo.
- **Fortalece las relaciones:** Al hacer que la otra persona se sienta escuchada y valorada, se construye una base sólida para cualquier conversación, ya sea en el trabajo, en casa o en situaciones sociales.
- **Impulsa la colaboración:** Fomenta la cooperación y el trabajo conjunto hacia un objetivo común.
- **Resuelve conflictos:** Facilita la resolución de conflictos al permitir que ambas partes se sientan escuchadas y comprendidas.
- **Previene la pérdida de información:** Al prestar atención y hacer preguntas para aclarar, se evita pasar por alto datos importantes.
- **Desarrolla la empatía:** Permite comprender mejor los sentimientos y perspectivas de los demás.

¿Cómo se puede practicar la escucha activa? Practicar la escucha activa implica aplicar una serie de técnicas y comportamientos conscientes:

- **Prestar atención al hablante:** Esto significa enfocarse completamente en la persona que habla, sin interrupciones, y mostrando un interés genuino en lo que dice.

- **Hacer preguntas para aclarar el mensaje:** Formular preguntas pertinentes ayuda a disipar cualquier ambigüedad y a confirmar la comprensión del mensaje.
- **Resumir lo que se ha escuchado (parafrasear):** Repetir el mensaje con las propias palabras asegura que se ha comprendido correctamente y le demuestra al hablante que se le ha escuchado activamente.
- **Responder de manera adecuada:** La respuesta debe ser relevante al mensaje recibido, mostrando que se ha procesado y comprendido la información.
- **Mostrar empatía:** Demostrar comprensión y aceptación del punto de vista de la otra persona, incluso si no se está de acuerdo.
- **Ser consciente del lenguaje corporal:** Observar y utilizar el lenguaje corporal (gestos, expresiones faciales, contacto visual) para comprender y demostrar interés.

Obstáculos para la escucha activa y cómo superarlos: Existen diversas barreras que pueden impedir una escucha activa efectiva. Superarlos es fundamental para una comunicación exitosa:

- **Falta de atención:** La incapacidad de concentrarse plenamente en el hablante. Se supera prestando atención, evitando distracciones y enfocándose en el interlocutor.

- **Interrupción:** Cortar al hablante antes de que termine su mensaje. Se supera evitando la tentación de interrumpir y permitiendo que la persona se exprese completamente.
- **Distracción:** Factores externos o internos que desvían la concentración. Se superan eliminando distracciones y enfocándose en la conversación.
- **Falta de empatía:** La incapacidad de comprender o compartir los sentimientos del otro. Se supera practicando la empatía y tratando de ponerse en el lugar del hablante.
- **Juicios precipitados:** Formular opiniones o conclusiones antes de que el hablante termine. Se supera escuchando sin juzgar y evitando emitir juicios de valor.
- **Control de emociones:** Dejarse llevar por las propias emociones durante la conversación. Se supera manteniendo la calma y la claridad mental.

La escucha activa es una habilidad que se puede mejorar con la práctica y el esfuerzo continuo, contribuyendo significativamente a establecer relaciones sólidas y equipos exitosos en todos los aspectos de la vida.

¿QUÉ ES LA ESCUCHA ACTIVA Y POR QUÉ ES IMPORTANTE EN LA COMUNICACIÓN?

La escucha activa es un proceso fundamental en la comunicación, definido como la capacidad de prestar atención a lo que se dice, comprender el mensaje en su totalidad y responder de manera adecuada. Esta habilidad va más allá de simplemente oír, implicando una participación consciente y proactiva por parte del oyente.

La importancia de la escucha activa en la comunicación radica en múltiples beneficios:

- **Mejora la comprensión:** Permite entender verdaderamente lo que la otra persona está diciendo, lo que ayuda a evitar malentendidos y errores de comunicación.
- **Impulsa la colaboración:** Fomenta el trabajo conjunto al establecer un clima de confianza y entendimiento mutuo.
- **Fortalece las relaciones:** Al hacer que el hablante se sienta escuchado y valorado, se construyen lazos interpersonales más sólidos y duraderos.
- **Genera confianza:** Demostrar una escucha genuina permite que la otra persona se sienta valorada, lo cual es una base sólida para el éxito de cualquier conversación.
- **Demuestra empatía:** Facilita la conexión a un nivel más profundo, ya que el oyente puede comprender los sentimientos y perspectivas del otro.

- **Resuelve conflictos:** Contribuye a solucionar problemas al permitir que ambas partes se sientan escuchadas y comprendidas.
- **Previene la pérdida de información:** Al prestar atención y hacer preguntas para clarificar, se evita pasar por alto datos importantes.

Para practicar la escucha activa, es crucial prestar atención al hablante, hacer preguntas para aclarar el mensaje, resumir lo escuchado y responder adecuadamente. Sin embargo, existen obstáculos como la falta de atención, la interrupción, la distracción y la falta de empatía. Superarlos requiere prestar atención activa, evitar interrupciones, eliminar distracciones y practicar la empatía. En resumen, la escucha activa es una habilidad vital que mejora significativamente la comunicación y las relaciones interpersonales.

¿Cuáles son los beneficios de la escucha activa en la comunicación?

La escucha activa, como habilidad fundamental en la comunicación interpersonal y el trabajo en equipo, ofrece una amplia gama de beneficios que impactan positivamente tanto en las relaciones individuales como en la dinámica grupal y la eficiencia organizacional.

Entre los principales beneficios de la escucha activa en la comunicación se encuentran:

- **Genera confianza:** Al practicar la escucha activa, se logra que la otra persona se sienta escuchada y valorada, lo que establece una base sólida para el éxito de cualquier conversación, ya sea en el ámbito laboral, en casa o en situaciones sociales.

- **Resolución de conflictos:** La escucha activa facilita la resolución de conflictos al permitir que todas las partes involucradas se sientan escuchadas y comprendidas.
- **No perder información importante:** Al prestar atención plena y hacer preguntas para clarificar el mensaje, se evita la omisión de detalles cruciales.
- **Anticipación de problemas:** La práctica de la escucha activa permite prever posibles inconvenientes y prevenir malentendidos antes de que escalen.
- **Fortalecimiento de relaciones:** Esta habilidad mejora las relaciones interpersonales al demostrar un interés genuino y empatía hacia los demás.
- **Mejora de la comunicación general:** La escucha activa optimiza la comunicación al asegurar que ambas partes se sientan comprendidas y atendidas.
- **Desarrollo de la empatía:** Contribuye a potenciar la empatía, ya que permite una mejor comprensión de los sentimientos y perspectivas de los demás.

La aplicación de estos beneficios es esencial para mejorar la comunicación y la eficiencia del equipo,

¿CÓMO SE PUEDE IMPLEMENTAR LA ESCUCHA ACTIVA EN UNA CONVERSACIÓN DIFÍCIL?

Implementar la escucha activa en una conversación difícil es crucial para fomentar la comprensión mutua y la resolución efectiva de conflictos. Requiere una serie de técnicas que van más allá de simplemente oír, enfocándose en la empatía, el control emocional y la observación consciente.

Para aplicar la escucha activa en una conversación difícil, se pueden seguir los siguientes consejos:

- **Prestar atención al hablante:** Es fundamental concentrarse por completo en la persona que habla y eliminar cualquier distracción para poder comprender a fondo su mensaje. Esto incluye observar su lenguaje corporal, expresiones faciales y tono de voz.

- **Hacer preguntas para aclarar el mensaje:** Formular preguntas abiertas ayuda a disipar ambigüedades, a asegurar una comprensión correcta de lo que se está diciendo y a evitar malentendidos.

- **Resumir lo que se ha escuchado (parafrasear):** Repetir el mensaje con las propias palabras del oyente es una técnica clave para asegurar que la comprensión sea precisa. Esto también ayuda a mantener el enfoque de la conversación.

- **Mostrar empatía:** Demostrar comprensión y aceptación del punto de vista de la otra persona, incluso si no se está de acuerdo, es esencial para que el hablante se sienta escuchado y comprendido. Evitar juzgar o criticar durante la conversación es parte de mostrar empatía.

- **Evitar interrupciones:** Es vital permitir que el hablante se exprese completamente sin ser interrumpido. Esto muestra respeto y fomenta la apertura.

- **Controlar las emociones:** Mantener la calma y evitar reacciones exageradas o defensivas es crucial en una conversación difícil. Respirar profundamente antes de responder y mantener un tono de voz tranquilo y respetuoso ayuda a mantener la claridad mental.

- **Ser consciente del lenguaje corporal:** Estar atento al lenguaje corporal propio y del interlocutor permite comprender mejor el mensaje y las emociones que subyacen a las palabras. Reflejar la postura corporal de la otra persona también puede crear una mayor conexión y empatía.

- **Hacer una pausa en la conversación:** Tomarse uno o dos minutos para reflexionar sobre lo que se ha dicho permite abstraerse de los propios pensamientos y sentimientos, lo cual es útil para procesar la información de manera más efectiva.

- **Buscar soluciones en lugar de culpar:** En vez de centrarse en quién tiene la culpa, el enfoque debe estar en encontrar soluciones y llegar a un acuerdo mutuo.

- **Resumir y cerrar la conversación:** Al finalizar, resumir los puntos principales y las conclusiones alcanzadas ayuda a oficializar lo hablado y a crear un mayor compromiso.

Al aplicar estos consejos, se puede mejorar significativamente la comunicación y la comprensión en situaciones difíciles, promoviendo un diálogo productivo y la resolución de problemas.

¿CUÁLES SON LAS TÉCNICAS ESPECÍFICAS DE LA ESCUCHA ACTIVA QUE SE PUEDEN UTILIZAR EN UNA CONVERSACIÓN DIFÍCIL?

En una conversación difícil, la escucha activa se convierte en una herramienta fundamental para fomentar la comprensión, reducir la tensión y facilitar una resolución efectiva. La aplicación de técnicas específicas permite al interlocutor procesar la información de manera más profunda y responder con mayor empatía.

Aquí se detallan las técnicas específicas de escucha activa aplicables en situaciones complejas:

Evitar juzgar: Es crucial abstenerse de emitir juicios de valor sobre lo que la otra persona está expresando. El foco debe estar en comprender su perspectiva y sentimientos, no en evaluarlos o categorizarlos.

Resistir la tentación de dar consejos: En lugar de ofrecer soluciones o consejos de manera prematura, el objetivo principal es escuchar y comprender plenamente el mensaje que la otra persona intenta transmitir. La prisa por solucionar puede invalidar la experiencia del hablante.

Interrumpir solo cuando sea imprescindible: Se debe evitar interrumpir a la otra persona mientras habla, a menos que sea absolutamente necesario para una aclaración crucial del mensaje. Las interrupciones pueden percibirse como una falta de respeto o de interés.

Hacer una pausa en la conversación: Tomarse uno o dos minutos para reflexionar sobre lo que se ha dicho, exhalar y abstraerse de los propios pensamientos y sentimientos, permite procesar la información de manera más efectiva y responder con mayor serenidad.

Captar las entonaciones, los estados de ánimo, las expresiones faciales o los gestos: Además de las palabras, es vital prestar atención al lenguaje no verbal del interlocutor. Las entonaciones, el lenguaje corporal y las expresiones faciales proporcionan una comprensión más completa del mensaje y de las emociones subyacentes.

Reconocer la hostilidad: Si la conversación se torna tensa, es importante identificar cualquier señal de hostilidad y responder manteniendo un tono de voz calmado, incluso bajando el volumen para desescalar la situación.

Invitar a la persona a sentarse si está de pie: Cuando la situación lo permite y la persona está de pie, invitarla a sentarse puede contribuir a crear un ambiente más relajado y propicio para la conversación.

Escuchar cuidadosamente: Esto implica prestar atención plena al mensaje del interlocutor, sin dejarse distraer por pensamientos o preocupaciones personales.

Mostrar disponibilidad: Demostrar al interlocutor una genuina disposición a escuchar y a comprender su perspectiva es fundamental para establecer una conexión de confianza.

Referirse a conversaciones anteriores: Si es pertinente, hacer referencia a conversaciones previas demuestra que se ha prestado atención y se han recordado detalles importantes, lo que refuerza la confianza y el compromiso del oyente.

La aplicación consciente de estas técnicas en una conversación difícil puede transformar el intercambio, pasando de un posible enfrentamiento a un diálogo constructivo y empático.

¿CÓMO SE PUEDE ORIENTAR LA CONVERSACIÓN PARA PRACTICAR LA ESCUCHA ACTIVA EN UNA CONVERSACIÓN DIFÍCIL?

Para orientar una conversación difícil hacia la escucha activa, es fundamental aplicar técnicas que faciliten una comprensión profunda y la resolución de conflictos, en lugar de permitir que la tensión domine el intercambio. La clave reside en un enfoque centrado en el interlocutor, controlando las propias reacciones y buscando soluciones de manera constructiva.

Aquí se detallan estrategias para orientar la conversación y practicar la escucha activa en situaciones difíciles:

- **Concéntrate plenamente en la otra persona:** Es vital eliminar distracciones y dirigir toda la atención a lo que el otro está comunicando. Esto abarca no solo las palabras, sino también el lenguaje corporal, las expresiones faciales y el tono de voz, para obtener una comprensión integral del mensaje.

- **Evita las interrupciones:** Permite que la otra persona complete su exposición antes de formular una respuesta. Resistir la tentación de cortar o finalizar sus frases demuestra respeto y asegura que el mensaje sea transmitido en su totalidad.

- **Parafrasea y resume para confirmar la comprensión:** Repite con tus propias palabras lo que el interlocutor ha expresado, lo que te permitirá confirmar que has entendido correctamente el mensaje. Resumir el punto principal también contribuye a mantener el foco de la conversación en los temas clave.

- **Formula preguntas abiertas:** En lugar de preguntas que se respondan con un simple "sí" o "no", utiliza preguntas abiertas que promuevan una discusión más amplia y una mayor comprensión de la perspectiva del otro.

- **Demuestra empatía:** Muestra comprensión y aceptación hacia el punto de vista del otro, incluso si no compartes su opinión. Evita juicios o críticas durante el diálogo para mantener un ambiente de respeto.

- **Controla tus propias emociones:** Es crucial mantener la calma y abstenerse de reaccionar de manera exagerada o defensiva. Respirar profundamente antes de responder y conservar un tono de voz tranquilo y respetuoso son prácticas que contribuyen a la claridad mental.

- **Busca soluciones en lugar de asignar culpas:** Enfoca la conversación en la búsqueda de soluciones y en el logro de un acuerdo mutuo, en lugar de centrarte en determinar quién es el responsable de la situación.

- **Resume y cierra la conversación:** Al finalizar, recapitula los puntos principales que se discutieron y las conclusiones a las que se llegó. Esto formaliza lo acordado y refuerza el compromiso de los participantes.

Al aplicar estas técnicas, se puede transformar una conversación difícil en una oportunidad para la comprensión mutua y la resolución constructiva de problemas.

¿CÓMO SE PUEDE MOSTRAR EMPATÍA DURANTE UNA CONVERSACIÓN DIFÍCIL PARA PRACTICAR LA ESCUCHA ACTIVA?

Durante una conversación difícil, la empatía se convierte en una herramienta fundamental para practicar la escucha activa, permitiendo una conexión más profunda y una comprensión genuina del interlocutor. Al aplicar técnicas específicas, se puede crear un ambiente de apoyo que facilite la comunicación y la resolución de problemas.

Para mostrar empatía en una conversación difícil y practicar la escucha activa, se pueden utilizar las siguientes técnicas:

- **Escuchar sin juzgar:** Es crucial evitar cualquier juicio o crítica mientras la otra persona habla. En su lugar, el enfoque debe ser comprender su perspectiva y sus sentimientos sin emitir valoraciones.

- **Hacer preguntas abiertas:** Formular preguntas que no se limiten a un "sí" o "no" fomenta una discusión más amplia y una mayor comprensión. Esto ayuda a que la otra persona se sienta escuchada y comprendida.

- **Mostrar interés genuino:** Demostrar un interés auténtico en lo que la otra persona está diciendo es vital. Esto se logra manteniendo contacto visual y prestando atención a su lenguaje corporal.

- **Reconocer los sentimientos de la otra persona:** Es importante validar y verbalizar los sentimientos del interlocutor, haciéndole saber que se entienden sus emociones. Por ejemplo, se puede decir: "Puedo ver que esto es muy difícil para ti" o "Entiendo que esto te está causando mucho estrés".

- **Evitar interrupciones:** Permitir que la otra persona termine de hablar completamente antes de responder es fundamental. Las interrupciones pueden hacer que el interlocutor se sienta desvalorizado.

- **Controlar las propias emociones:** Mantener la calma y evitar reaccionar de forma exagerada o defensiva es esencial. Respirar profundamente antes de responder y usar un tono de voz tranquilo y respetuoso contribuye a la claridad mental.

- **Reflejar los sentimientos de la otra persona:** Expresar en las propias palabras los sentimientos que se perciben en el otro ayuda a confirmar la comprensión y a que la persona se sienta validada. Por ejemplo: "Parece que te sientes muy frustrado con esta situación".

- **Ofrecer apoyo:** Siempre que sea posible, brindar apoyo y ayuda al interlocutor. Un ejemplo práctico es preguntar: "¿Hay algo que pueda hacer para ayudarte con esto?".

Al emplear estas técnicas, se mejora la comunicación y la comprensión en situaciones complejas, lo que conduce a resultados más constructivos y fortalece las relaciones interpersonales.

¿CÓMO SE PUEDE UTILIZAR EL LENGUAJE CORPORAL PARA DEMOSTRAR EMPATÍA DURANTE UNA CONVERSACIÓN DIFÍCIL PARA PRACTICAR LA ESCUCHA ACTIVA?

El lenguaje corporal es una herramienta poderosa para transmitir empatía y fortalecer la escucha activa, especialmente en el contexto de conversaciones difíciles. Al emplear conscientemente las señales no verbales, se puede crear un ambiente de mayor comprensión y conexión.

Para utilizar el lenguaje corporal con el fin de demostrar empatía durante una conversación difícil y practicar la escucha activa, se pueden aplicar las siguientes técnicas:

- **Mantener contacto visual:** Establecer y sostener un contacto visual adecuado con la otra persona es fundamental para demostrar que se está prestando atención y que se valora lo que se está diciendo. Es una señal clara de compromiso y presencia en la conversación.
- **Sonreír ligeramente:** Una sonrisa sutil puede contribuir a crear un ambiente más relajado y

amistoso, indicando interés en el mensaje del interlocutor. Esta expresión facial suave puede ayudar a disipar la tensión de una conversación difícil.

- **Mantener una postura corporal receptiva:** Evitar cruzar los brazos o las piernas, ya que estas posturas pueden comunicar cerrazón o resistencia. En su lugar, se recomienda adoptar una postura abierta y relajada para transmitir disposición a escuchar y comprender.

- **Reflejar la postura corporal de la otra persona:** De manera sutil, adoptar una postura similar a la del interlocutor puede fomentar una mayor conexión y empatía. Este "espejo" corporal ayuda a construir un sentido de sintonía y entendimiento mutuo.

- **Realizar gestos de expectación:** Gestos como levantar las cejas o asentir con la cabeza demuestran interés y la disposición a seguir escuchando activamente el mensaje del otro. Estos pequeños movimientos validan al hablante y lo animan a continuar.

- **Utilizar el lenguaje corporal para reforzar las palabras:** Emplear el lenguaje corporal de forma consciente para complementar y enfatizar el mensaje verbal es una técnica efectiva. Por ejemplo, inclinarse ligeramente hacia la otra persona puede indicar atención y compromiso con la conversación. Esto crea coherencia entre lo que se dice y cómo se expresa, aumentando la credibilidad y la empatía.

Al integrar estas técnicas de lenguaje corporal, se mejora significativamente la comunicación y la comprensión en situaciones desafiantes, facilitando un entorno más empático y productivo.

¿Cómo se puede utilizar el contacto visual para demostrar empatía durante una conversación difícil para practicar la escucha activa?

El contacto visual es un componente esencial para manifestar empatía y practicar la escucha activa, especialmente en conversaciones difíciles. Su uso estratégico puede fortalecer la conexión y la comprensión mutua.

Para utilizar el contacto visual eficazmente y demostrar empatía durante una conversación difícil, se pueden aplicar las siguientes técnicas:

- **Mantener el contacto visual de forma constante pero natural:** Es crucial mantener el contacto visual con la otra persona para demostrar atención e interés en lo que está diciendo. Esto señala que se valora su mensaje y su presencia en la conversación.

- **Realizar contacto visual en momentos clave:** Es particularmente importante establecer contacto visual cuando la otra persona está expresando emociones o necesidades significativas. Esto comunica apoyo y un

71

deseo genuino de comprender su perspectiva.

- **Transmitir emociones a través del contacto visual:** El contacto visual puede ser un vehículo para comunicar empatía y comprensión. Por ejemplo, asentir con la cabeza mientras se mantiene el contacto visual puede indicar acuerdo o entendimiento.
- **Mantener una postura corporal receptiva:** Además del contacto visual, es fundamental adoptar una postura corporal abierta y relajada, evitando cruzar los brazos o las piernas, ya que estas posturas pueden comunicar cerrazón. Una postura receptiva complementa el mensaje de apertura transmitido por el contacto visual.
- **Reflejar la postura corporal del interlocutor:** De forma sutil, reflejar la postura corporal de la otra persona puede fomentar una mayor conexión y empatía. Esto crea una sensación de sintonía y entendimiento mutuo.

Al emplear estas técnicas, se puede mejorar la comunicación y la comprensión en situaciones complejas, facilitando un diálogo más empático y constructivo

¿CÓMO SE PUEDE EVITAR QUE EL CONTACTO VISUAL SE CONVIERTA EN UNA MIRADA FIJA O INCÓMODA DURANTE UNA CONVERSACIÓN DIFÍCIL?

Para evitar que el contacto visual se convierta en una mirada fija o incómoda durante una conversación difícil, es fundamental emplear técnicas que mantengan la naturalidad y la empatía, facilitando una interacción fluida y comprensiva.

A continuación, se detallan las estrategias para lograrlo:

- **Mantener un contacto visual natural e intermitente:** Trata de mantener contacto visual de manera natural y sin forzarlo. No es necesario mantener un contacto visual constante, sino más bien de manera intermitente.

- **Realizar pausas estratégicas en el contacto visual:** Haz pausas en el contacto visual para evitar que se convierta en una mirada fija o incómoda. Puedes mirar hacia otro lado por unos segundos antes de volver a hacer contacto visual.

- **Reflejar el contacto visual del interlocutor:** Reflejar el contacto visual de la otra persona puede ayudar a crear una mayor conexión y demostrar empatía. Si la otra persona evita el contacto visual, es posible que también quieras evitarlo para no hacerla sentir incómoda.

- **Mantener una postura corporal relajada:** Mantén una postura corporal relajada y evita tensar los músculos de la cara o el cuello. Esto puede ayudar a evitar que el contacto visual se convierta en una mirada fija o incómoda.

- **Utilizar el contacto visual para transmitir emociones:** Utiliza el contacto visual para transmitir emociones como la empatía y la comprensión. Por ejemplo, puedes hacer contacto visual mientras asientes con la cabeza para demostrar que estás de acuerdo o que entiendes lo que la otra persona está diciendo.

Al utilizar estas técnicas, se puede mejorar la comunicación y la comprensión en una conversación difícil.

¿CÓMO SE PUEDE SABER CUÁNDO ES APROPIADO HACER CONTACTO VISUAL DURANTE UNA CONVERSACIÓN DIFÍCIL?

En el transcurso de una conversación difícil, saber cuándo es apropiado establecer contacto visual es crucial para fomentar la empatía y asegurar una comunicación efectiva. Aunque el contacto visual es una parte importante de la interacción, su aplicación debe ser estratégica para evitar generar incomodidad o percibirse como una mirada fija.

Aquí se detallan las pautas a seguir para determinar el momento adecuado para el contacto visual:

- **Mantén el contacto visual de manera natural e intermitente:** Es fundamental que el contacto visual se produzca de forma natural, sin forzarlo. No es necesario mantener un contacto visual constante, sino más bien intermitente, permitiendo breves pausas en la mirada.

- **Haz contacto visual durante los momentos clave**: Concentra el contacto visual en los puntos cruciales de la conversación, especialmente cuando la otra persona está expresando emociones o necesidades importantes. Esto demuestra apoyo y un esfuerzo por comprender su perspectiva.

- **Refleja el patrón de contacto visual de la otra persona**: Para establecer una conexión y mostrar empatía, es útil reflejar el comportamiento de contacto visual de la otra persona. Si el interlocutor tiende a evitar el contacto visual, lo más adecuado es seguir su ejemplo para no generarle incomodidad.

- **Mantén una postura corporal relajada**: La tensión en los músculos de la cara o el cuello puede hacer que el contacto visual parezca forzado o incómodo. Una postura corporal relajada contribuye a que la mirada sea más natural y receptiva.

- **Utiliza el contacto visual para transmitir emociones**: El contacto visual puede ser una herramienta eficaz para comunicar empatía y comprensión. Por ejemplo, asentir con la cabeza mientras se mantiene el contacto visual puede indicar que se está de acuerdo o que se comprende lo que la otra persona está diciendo.

Aplicando estas pautas, el contacto visual puede convertirse en un aliado poderoso para mejorar la comunicación y la comprensión en situaciones complejas.

¿CÓMO SE PUEDE EQUILIBRAR EL CONTACTO VISUAL CON OTRAS TÉCNICAS DE ESCUCHA ACTIVA DURANTE UNA CONVERSACIÓN DIFÍCIL?

Equilibrar el contacto visual con otras técnicas de escucha activa durante una conversación difícil es crucial para lograr una comunicación efectiva y una comprensión profunda, evitando que la mirada se vuelva intimidante o monótona.

Para ello, se pueden seguir las siguientes pautas:

- **Mantener un contacto visual natural e intermitente**: Es fundamental que el contacto visual sea natural y no forzado, alternando la mirada en lugar de mantenerla fija.
- **Hacer pausas en el contacto visual**: Realizar breves pausas en el contacto visual, mirando hacia otro lado por unos segundos antes de retomarlo, previene que la mirada se perciba como fija o incómoda.
- **Utilizar otras señales verbales y no verbales**: Combinar el contacto visual con otras técnicas como asentir con la cabeza para mostrar comprensión, hacer preguntas relevantes y expresar empatía a través del lenguaje corporal, enriquece la interacción y demuestra atención plena.

- **Mantener una postura corporal relajada**: Una postura relajada, sin tensión en el rostro o el cuello, contribuye a que el contacto visual sea más natural y receptivo, lo que mejora la comodidad durante la conversación.
- **Reflejar la postura corporal de la otra persona**: De manera sutil, adoptar una postura similar a la del interlocutor puede fortalecer la conexión y transmitir empatía de forma no verbal.
- **Realizar pausas para resumir lo dicho**: Hacer pausas para parafrasear y resumir lo expresado por la otra persona asegura la comprensión del mensaje. Esta técnica ayuda a mantener el enfoque de la conversación y evita que el contacto visual se torne monótono o incómodo.

Al aplicar estas pautas, se optimiza la comunicación y la comprensión en situaciones desafiantes, facilitando un diálogo más empático y productivo.

COMUNICACIÓN INTERCULTURAL: CÓMO COMUNICARSE EFECTIVAMENTE CON PERSONAS DE DIFERENTES CULTURAS.

La comunicación intercultural es un campo complejo y vital en el mundo globalizado actual, que va más allá del simple intercambio de palabras para adentrarse en la comprensión de diversos sistemas de valores, creencias y formas de vida. Para comunicarse efectivamente con personas de diferentes culturas, es indispensable desarrollar un conjunto específico de habilidades y conocimientos.

Para lograr una comunicación intercultural efectiva, se deben explorar los siguientes tópicos:

- **Reconocimiento de la propia cultura:** La comunicación intercultural no solo implica acercarse a otras culturas, sino también un esfuerzo consciente por reflexionar y reevaluar la propia. Es fundamental reconocer nuestras propias creencias y valores culturales para poder comprender y respetar los de otras culturas. Este auto-conocimiento es la base para evitar etnocentrismos y prejuicios.

- **Competencia de comunicación intercultural:** Esta competencia se define como la habilidad para comunicarse de manera efectiva y apropiada en una variedad de contextos culturales. Incluye el desarrollo de capacidades como la empatía, la flexibilidad y la adaptabilidad, que son cruciales para navegar las complejidades de las interacciones transculturales.

- **Diferenciación entre comunicación multicultural, transcultural e intercultural:** Aunque a menudo se utilizan de forma indistinta, es importante comprender las distinciones:
  - o La **comunicación multicultural** se refiere a la comunicación que ocurre entre personas de diferentes culturas.
  - o La **comunicación transcultural** se centra en la comunicación entre individuos de distintos orígenes étnicos o nacionales.
  - o La **comunicación intercultural** implica el intercambio entre personas de culturas que poseen sistemas de valores y creencias divergentes. Esta última es la que más profundamente aborda las diferencias en la forma de percibir y construir la realidad.
- **Formación de relaciones sólidas con personas de diversas culturas:** Para trabajar eficazmente con individuos de diferentes trasfondos culturales, es primordial establecer relaciones fuertes y de apoyo, cimentadas en la confianza, la empatía y el respeto mutuo. Estas relaciones facilitan el entendimiento y la colaboración.

- **Aspectos clave de la comunicación intercultural:** Este tipo de comunicación involucra el intercambio de información entre personas o grupos cuyas experiencias culturales previas han sido diferentes, influyendo en su manera de ser y de interactuar. Es crucial investigar y comprender las diversas concepciones de la interculturalidad y el multiculturalismo, así como las particularidades lingüísticas que puedan existir.
- **Elementos esenciales para una comunicación intercultural efectiva:** La comunicación intercultural se sustenta en varios elementos fundamentales, que incluyen la comprensión de las diferencias culturales, la empatía, la capacidad de adaptación, la tolerancia a la incertidumbre y la habilidad para comunicarse de manera efectiva en entornos diversos.

En síntesis, la comunicación intercultural es un ámbito complejo que demanda el desarrollo de múltiples habilidades y conocimientos. Al reconocer la propia cultura, cultivar la competencia comunicativa intercultural, establecer relaciones sólidas, entender los diversos aspectos de este tipo de comunicación y aplicar sus elementos clave, se puede mejorar significativamente la comprensión y la interacción en contextos multiculturales.

¿QUÉ ES LA COMUNICACIÓN INTERCULTURAL Y POR QUÉ ES IMPORTANTE?

La comunicación intercultural se define como el intercambio entre individuos de diferentes culturas. Es fundamental por diversas razones que impactan tanto en el ámbito social como profesional.

Su importancia radica en que:

- **Favorece el cuidado culturalmente aceptable:** Permite comprender las necesidades y expectativas culturales de las personas, lo que mejora la calidad de atención en servicios de salud y otros ámbitos.
- **Promueve la tolerancia y el respeto:** Fomenta la consideración hacia otras culturas, contribuyendo a la reducción de la discriminación y el racismo.
- **Facilita la comprensión de otras culturas:** Posibilita entender diversas culturas, lo cual mejora las relaciones interpersonales y comerciales.
- **Fomenta la búsqueda de puntos comunes:** Impulsa la identificación de similitudes y el respeto por las diferencias, lo que a su vez mejora la comunicación y la comprensión en entornos multiculturales.
- **Mejora la calidad de la traducción e interpretación:** Es crucial en la traducción e interpretación al permitir comprender las diferencias culturales y lingüísticas que pueden afectar la calidad de estos servicios.

Al comprender la relevancia de la comunicación intercultural, se puede optimizar la interacción y el entendimiento en diversos contextos culturales.

¿POR QUÉ ES IMPORTANTE LA COMUNICACIÓN INTERCULTURAL EN EL MUNDO GLOBALIZADO ACTUAL?

En el actual mundo globalizado, la comunicación intercultural es de suma importancia por múltiples razones que abarcan desde la prestación de servicios hasta la competitividad empresarial.

Su relevancia se debe a que:

- **Favorece el cuidado culturalmente aceptable:** La comunicación intercultural mejora la calidad de los servicios de salud y otros, al permitir la comprensión de las necesidades y expectativas culturales de las personas.

- **Promueve la tolerancia y el respeto:** Fomenta la tolerancia y el respeto hacia otras culturas, lo que contribuye a reducir la discriminación y el racismo.

- **Permite entender otras culturas:** Posibilita el entendimiento de diversas culturas, lo cual mejora las relaciones interpersonales y comerciales.

- **Fomenta la búsqueda de puntos comunes:** Impulsa la identificación de similitudes y el respeto a las diferencias, lo que mejora la comunicación y la comprensión en contextos interculturales.

- **Mejora la calidad de la traducción e interpretación:** Es crucial en la traducción e interpretación, ya que permite comprender las diferencias culturales y lingüísticas que pueden afectar la calidad de estos servicios.
- **Es vital en el mundo laboral globalizado:** En un entorno laboral interconectado, la competencia intercultural se convierte en una ventaja competitiva para las empresas. Esta competencia es la capacidad de comunicarse de manera efectiva y apropiada en diversos contextos culturales.

Al comprender la importancia de la comunicación intercultural, se puede mejorar la comunicación y la comprensión en contextos multiculturales, lo que es esencial para el éxito en la era globalizada.

¿CÓMO PUEDE LA COMPETENCIA INTERCULTURAL SER UNA VENTAJA COMPETITIVA PARA LAS EMPRESAS EN UN MUNDO GLOBALIZADO?

La competencia intercultural se ha consolidado como un activo estratégico fundamental para las empresas que operan en el dinámico y diverso panorama global actual. Su dominio no solo facilita las operaciones transfronterizas, sino que también genera una serie de ventajas competitivas clave que impulsan el crecimiento y la sostenibilidad organizacional.

Las razones por las cuales la competencia intercultural representa una ventaja competitiva son las siguientes:

- **Facilita el trabajo con equipos multiculturales:** En un entorno globalizado, las empresas operan con frecuencia con equipos compuestos por individuos de diversas culturas. La competencia intercultural dota a los empleados de la capacidad de interactuar de forma efectiva con compañeros de distintas procedencias culturales y de comunicarse eficientemente con socios ubicados en cualquier parte del mundo.

- **Mejora la calidad de la comunicación:** Permite a los empleados comprender las diferencias culturales y lingüísticas que pueden influir en la calidad de la comunicación. Esto es crucial para optimizar los procesos de traducción e interpretación, previniendo así malentendidos costosos y asegurando que los mensajes sean transmitidos con precisión en un contexto internacional.

- **Fomenta la innovación:** Al reunir a personas con distintas perspectivas, la competencia intercultural estimula la creatividad y el desarrollo de soluciones novedosas a los problemas. La diversidad de pensamiento que emana de un equipo intercultural puede ser un motor poderoso para la innovación.

- **Mejora la retención de talentos:** Constituye una estrategia efectiva para atraer y retener el talento dentro de una organización. Los empleados que se sienten valorados, comprendidos y respetados en un ambiente diverso son más propensos a permanecer en la empresa, reduciendo la rotación y los costos asociados a la contratación y formación de nuevo personal.

- **Aumenta la eficiencia de los equipos:** Al comprender las diferencias culturales y lingüísticas que pueden afectar la comunicación, la competencia intercultural permite a los equipos operar de manera más eficiente. Esto se traduce en una mejor coordinación, una asignación más efectiva de tareas y una ejecución de proyectos más fluida.

En síntesis, al desarrollar la competencia intercultural, las empresas no solo optimizan su capacidad para operar en un mundo cada vez más diverso y globalizado, sino que también adquieren una ventaja estratégica que puede traducirse en una mayor eficiencia, innovación y resiliencia en el mercado.

¿QUÉ ESTRATEGIAS PUEDEN IMPLEMENTAR LAS EMPRESAS PARA FOMENTAR LA COMPETENCIA INTERCULTURAL EN SUS EMPLEADOS?

Para fomentar la competencia intercultural en sus empleados, las empresas pueden implementar una variedad de estrategias clave que van desde la educación y capacitación hasta la integración de la diversidad en sus prácticas de contratación y cultura organizacional.

Entre las estrategias más efectivas se encuentran:

- **Desarrollar conciencia cultural:** Es fundamental que las empresas trabajen en la concienciación cultural de sus empleados. Esto implica comprender las diferencias culturales y lingüísticas que pueden impactar la calidad de la comunicación en un entorno global.

- **Valorar la diversidad:** Las organizaciones deben promover activamente la valoración de la diversidad y reconocer la importancia de la inclusión en el lugar de trabajo. Esto crea un ambiente donde las diferentes perspectivas son apreciadas y contribuyen al éxito colectivo.

- **Comprender las señales culturales:** Es crucial que los empleados aprendan a interpretar las señales culturales, como el lenguaje corporal y las normas de etiqueta, que influyen en la comunicación. Esta comprensión evita malentendidos y facilita interacciones más fluidas.

- **Desarrollar la empatía cultural:** Las empresas deben fomentar la empatía cultural en sus empleados. Esto significa desarrollar la capacidad de comprender las perspectivas y experiencias de otras culturas, lo cual es vital para construir relaciones sólidas y respetuosas.

- **Ofrecer capacitación y formación especializada:** Una estrategia clave es proporcionar programas de capacitación y formación en competencia intercultural. Estos pueden incluir cursos de idiomas, talleres de sensibilización cultural y programas de intercambio, que equipan a los empleados con las herramientas necesarias para interactuar eficazmente en contextos interculturales.

- **Fomentar la diversidad en la contratación:** Promover activamente la diversidad en los procesos de contratación es esencial. Esto ayuda a construir una fuerza laboral más inclusiva y diversa desde la base, enriqueciendo la cultura de la empresa y mejorando su capacidad para operar globalmente.

Al implementar estas estrategias de manera integral, las empresas no solo mejoran la comunicación y la comprensión en contextos interculturales, sino que también obtienen una ventaja competitiva significativa en el mundo globalizado.

¿CÓMO PUEDE UNA EMPRESA MEDIR LA COMPETENCIA INTERCULTURAL DE SUS EMPLEADOS?

Las empresas tienen a su disposición diversas herramientas y metodologías para medir la competencia intercultural de sus empleados, lo cual es fundamental para identificar áreas de mejora y desarrollar estrategias que fortalezcan esta capacidad vital en un entorno globalizado.

Entre las principales formas de medir la competencia intercultural se encuentran:

- **Evaluaciones de competencia intercultural:** Las empresas pueden implementar evaluaciones diseñadas específicamente para medir el nivel de competencia intercultural de sus empleados. Estas evaluaciones pueden incluir pruebas de idiomas para valorar la fluidez y comprensión lingüística, cuestionarios de conocimientos culturales para evaluar la familiaridad con normas y valores de otras culturas, y evaluaciones de habilidades interculturales que simulen situaciones reales de interacción.

- **Evaluaciones de desempeño:** Las evaluaciones de desempeño regulares ofrecen una vía para medir la competencia intercultural de los empleados. Se pueden incorporar preguntas específicas sobre la capacidad de los empleados para trabajar eficazmente con equipos multiculturales y comunicarse eficientemente con socios ubicados en distintas partes del mundo.

- **Encuestas de satisfacción del cliente:** Las encuestas de satisfacción del cliente son una herramienta valiosa para medir la competencia intercultural de los empleados, especialmente aquellos que tienen contacto directo con clientes internacionales. Estas encuestas pueden incluir preguntas que evalúen la capacidad del personal para comprender y responder a las necesidades y expectativas culturales de los clientes.

- **Observación directa:** La observación directa es un método cualitativo que permite a las empresas evaluar la competencia intercultural de sus empleados en tiempo real. Esto implica observar cómo los empleados interactúan con clientes y compañeros de trabajo de diferentes culturas, así como la manera en que manejan diversas situaciones interculturales.

Al combinar y analizar los resultados obtenidos a través de estas metodologías, las empresas pueden obtener una visión integral del nivel de competencia intercultural de su fuerza laboral. Esta información es crucial para identificar deficiencias y diseñar programas de capacitación y desarrollo orientados a fomentar la competencia intercultural, mejorando así su capacidad para competir en el mercado global.

¿CÓMO SE PUEDE EVALUAR EL NIVEL DE COMPETENCIA INTERCULTURAL DE LOS EMPLEADOS DE UNA EMPRESA?

Para evaluar el nivel de competencia intercultural de sus empleados, las empresas pueden emplear una variedad de estrategias y herramientas diseñadas para medir diferentes facetas de esta habilidad crucial en el mundo globalizado.

Entre las estrategias de evaluación se incluyen:

- **Evaluaciones de conocimientos culturales:** Las empresas pueden implementar pruebas que midan la comprensión y familiaridad de los empleados con diversas culturas. Estas evaluaciones pueden contener preguntas sobre costumbres, tradiciones, protocolos de negocios y etiqueta social específicas de diferentes contextos culturales.

- **Evaluaciones de habilidades de comunicación intercultural:** Es posible evaluar las habilidades de comunicación intercultural de los empleados a través de varias técnicas. Estas incluyen pruebas de idiomas, simulaciones de situaciones interculturales y valoraciones de la capacidad de adaptación a distintos estilos de comunicación.

- **Evaluaciones de adaptabilidad cultural:** Las empresas pueden medir la facilidad con la que sus empleados se adaptan a entornos culturales diversos mediante evaluaciones de adaptabilidad cultural. Estas pueden incluir preguntas sobre la capacidad para trabajar eficazmente en equipos multiculturales, resolver conflictos interculturales y ajustarse a nuevas situaciones.

- **Evaluaciones de sensibilidad cultural:** La sensibilidad cultural de los empleados puede ser evaluada a través de cuestionarios y otras herramientas que midan su habilidad para comprender y apreciar las diferencias culturales, así como su disposición a aprender y adaptarse a nuevas culturas.

Al aplicar estas estrategias para medir el nivel de competencia intercultural de sus empleados, las empresas pueden identificar áreas específicas que necesitan mejora y, en consecuencia, diseñar programas de capacitación y desarrollo adecuados para fomentar una comunicación más efectiva y exitosa en entornos interculturales.

¿CÓMO SE PUEDEN DISEÑAR PROGRAMAS DE FORMACIÓN PARA MEJORAR LA COMPETENCIA INTERCULTURAL DE LOS EMPLEADOS DE UNA EMPRESA?

Para diseñar programas de formación efectivos que mejoren la competencia intercultural de los empleados de una empresa, es crucial seguir una serie de pautas estratégicas que aseguren la adquisición de habilidades y conocimientos relevantes, así como su aplicación práctica en entornos multiculturales.

Las pautas para el diseño de estos programas incluyen:

- **Identificar las necesidades de formación:** El primer paso es determinar qué aspectos de la competencia intercultural necesitan ser reforzados en los empleados. Esto puede lograrse a través de encuestas, entrevistas y evaluaciones específicas de competencia intercultural. Esta fase diagnóstica es vital para adaptar el programa a las carencias y fortalezas existentes.

- **Desarrollar objetivos de aprendizaje claros:** Los objetivos del programa deben ser precisos y específicos. Esto garantiza que los empleados adquieran las habilidades y conocimientos necesarios para potenciar su competencia intercultural de manera medible y efectiva.

- **Utilizar métodos de enseñanza interactivos:** Los métodos de enseñanza que promueven la interacción activa, como la simulación de situaciones interculturales y el trabajo en equipo, son altamente efectivos. Estas metodologías prácticas permiten a los empleados desarrollar habilidades de comunicación intercultural en un entorno controlado.

- **Incorporar la tecnología:** La tecnología se presenta como una herramienta valiosa para mejorar la competencia intercultural. Plataformas de aprendizaje en línea, por ejemplo, pueden ofrecer acceso a una amplia gama de recursos culturales y lingüísticos, facilitando un aprendizaje flexible y accesible.

- **Fomentar la práctica y la retroalimentación constructiva:** La práctica constante y la recepción de retroalimentación constructiva son esenciales para el desarrollo de la competencia intercultural. Los empleados deben tener oportunidades regulares para aplicar sus habilidades de comunicación intercultural y recibir orientación para su mejora.

- **Evaluar el impacto del programa:** Es fundamental evaluar el programa de formación para determinar si se han logrado los objetivos de aprendizaje establecidos y si la competencia intercultural de los empleados ha mejorado significativamente. Esta evaluación permite ajustar y optimizar futuros programas.

Al adherirse a estas pautas, las empresas pueden diseñar e implementar programas de formación que no solo mejoren la comunicación y la comprensión en contextos interculturales, sino que también refuercen su ventaja competitiva en un mercado globalizado.

¿QUÉ ELEMENTOS DEBEN INCLUIRSE EN UN PROGRAMA DE FORMACIÓN PARA MEJORAR LA COMPETENCIA INTERCULTURAL DE LOS EMPLEADOS DE UNA EMPRESA?

Para diseñar un programa de formación que mejore la competencia intercultural de los empleados, es fundamental integrar elementos clave que aborden tanto el conocimiento teórico como la aplicación práctica y el desarrollo personal. Un programa bien estructurado no solo enriquece a los individuos, sino que también fortalece la capacidad de la empresa para operar en un mercado globalizado.

Los elementos esenciales a incluir en dicho programa son:

- **Conciencia cultural**: Es crucial que los empleados desarrollen una conciencia cultural para comprender cómo las diferencias culturales y lingüísticas pueden impactar la calidad de la comunicación. Este elemento implica la reflexión sobre las propias creencias y valores para poder entender y respetar los de otras culturas.

- **Habilidades de comunicación intercultural**: El programa debe enfocarse en desarrollar la capacidad de los empleados para comunicarse de manera efectiva y apropiada en diversos contextos culturales. Esto incluye la adaptabilidad a diferentes estilos de comunicación y la habilidad para trabajar de forma eficaz en equipos multiculturales.
- **Conocimientos culturales**: Los empleados deben adquirir conocimientos específicos sobre las costumbres, tradiciones, protocolos de negocios y etiqueta social en contextos culturales determinados. Este saber práctico es vital para navegar interacciones transculturales.
- **Empatía cultural**: Un componente indispensable es el desarrollo de la empatía cultural, que permite a los empleados comprender las perspectivas y experiencias de otras culturas. Esto facilita la conexión y el entendimiento a un nivel más profundo.
- **Tecnología como herramienta de apoyo**: La tecnología puede ser una herramienta muy útil para potenciar la competencia intercultural de los empleados. Las plataformas de aprendizaje en línea, por ejemplo, pueden proporcionar acceso a una vasta gama de recursos culturales y lingüísticos.
- **Práctica y retroalimentación constructiva**: La oportunidad de practicar las habilidades de

comunicación intercultural y de recibir retroalimentación constructiva es fundamental para la mejora. La experiencia y la reflexión sobre ella son cruciales para el aprendizaje.

- **Evaluación del programa**: Es vital evaluar el impacto del programa de formación para determinar si se han alcanzado los objetivos de aprendizaje y si la competencia intercultural de los empleados ha mejorado. Esta evaluación asegura la efectividad del programa y permite realizar ajustes si es necesario.

Al incorporar estos elementos, las empresas pueden mejorar significativamente la comunicación y la comprensión en contextos interculturales, lo que a su vez les permite obtener una ventaja competitiva en un mundo globalizado.

¿QUÉ METODOLOGÍAS DE ENSEÑANZA SON MÁS EFECTIVAS PARA MEJORAR LA COMPETENCIA INTERCULTURAL DE LOS EMPLEADOS DE UNA EMPRESA?

Para mejorar la competencia intercultural de los empleados de una empresa, es fundamental implementar metodologías de enseñanza que promuevan la participación activa, el pensamiento crítico y la interacción con diversas perspectivas. Estas metodologías van más allá de la simple transmisión de conocimientos, buscando transformar la comprensión y el comportamiento de los individuos en contextos multiculturales.

Algunas de las metodologías de enseñanza más efectivas incluyen:

- **Enseñanza basada en la experiencia:** Esta metodología implica la participación activa de los empleados en situaciones interculturales, ya sean reales o simuladas. A través de la experiencia directa, los empleados pueden desarrollar habilidades prácticas de comunicación intercultural y obtener una comprensión más profunda de las diferencias culturales. Este enfoque es crucial para internalizar el aprendizaje y aplicarlo en situaciones laborales auténticas.

- **Enseñanza basada en la reflexión:** La reflexión es un componente clave para el aprendizaje significativo. Esta metodología anima a los empleados a analizar sus experiencias interculturales y a identificar las lecciones aprendidas. Al reflexionar, los individuos pueden desarrollar una mayor empatía cultural y comprender mejor las perspectivas y vivencias de otras culturas.

- **Enseñanza basada en el diálogo:** Esta metodología promueve el intercambio activo entre empleados de diferentes culturas. El diálogo facilita una mejor comprensión de las diferencias culturales y lingüísticas que pueden afectar la calidad de la comunicación. Al participar en conversaciones significativas, los empleados aprenden a escuchar, a expresar sus ideas y a negociar significados en un contexto diverso.

- **Enseñanza basada en la tecnología:** La tecnología se ha convertido en una herramienta invaluable para la formación intercultural. El uso de plataformas de aprendizaje en línea permite a los empleados acceder a una amplia gama de recursos culturales y lingüísticos. Esto incluye cursos interactivos, bases de datos culturales, videos y foros de discusión que enriquecen el proceso de aprendizaje.

- **Enseñanza basada en la cooperación:** Esta metodología fomenta la colaboración entre empleados de diferentes culturas para resolver problemas y desarrollar soluciones innovadoras. Trabajar juntos en proyectos y tareas compartidas ayuda a construir lazos, a superar prejuicios y a desarrollar una apreciación práctica de la diversidad.

Al emplear estas metodologías, las empresas no solo mejoran la comunicación y la comprensión de sus empleados en contextos interculturales, sino que también fortalecen su capacidad para competir en un mercado globalizado. La combinación de estos enfoques educativos contribuye a una fuerza laboral más adaptable, empática e innovadora.

¿QUÉ PAPEL JUEGAN LAS ACTITUDES Y VALORES INTERCULTURALES EN LA MEJORA DE LA COMPETENCIA INTERCULTURAL DE LOS EMPLEADOS DE UNA EMPRESA?

Las actitudes y valores interculturales son el cimiento sobre el cual se construye y se fortalece la competencia intercultural de los empleados en una empresa. Más allá del conocimiento técnico o las habilidades lingüísticas, la disposición personal y la ética subyacente determinan la eficacia de la interacción en entornos multiculturales.

El papel fundamental de las actitudes y valores interculturales radica en la capacidad de moldear el comportamiento y la percepción de los empleados, permitiéndoles navegar la diversidad de manera respetuosa y productiva. Algunos de los valores y actitudes clave que se pueden y deben fomentar en un programa de formación para mejorar la competencia intercultural incluyen:

- **Respeto:** El respeto hacia otras culturas es un pilar indispensable para la competencia intercultural. Los empleados deben cultivar la habilidad de valorar y honrar las diferencias culturales y lingüísticas, reconociendo que la diversidad enriquece el entorno empresarial.

- **Empatía:** La empatía es vital para comprender a fondo las perspectivas y experiencias de individuos de otras culturas. Entrenar a los empleados para que se pongan en el lugar del otro y entiendan sus puntos de vista mejora significativamente la calidad de la interacción y la resolución de problemas.

- **Flexibilidad:** La flexibilidad es crucial para adaptarse a diversos estilos de comunicación y a los entornos culturales cambiantes. Los empleados deben desarrollar la capacidad de ajustar su comportamiento y sus expectativas para interactuar eficazmente en situaciones interculturales dinámicas.
- **Tolerancia:** La tolerancia es fundamental para aceptar y apreciar las diferencias culturales. Los empleados deben aprender a ser tolerantes y a respetar las distintas formas de vida y pensamiento, lo que reduce la fricción y fomenta la armonía en equipos multiculturales.
- **Curiosidad:** La curiosidad es un motor para el aprendizaje continuo sobre otras culturas y para una comprensión más profunda de las diferencias culturales. Al fomentar la curiosidad, se anima a los empleados a buscar activamente información y a explorar nuevas perspectivas, lo que enriquece su competencia intercultural.

Al cultivar estos valores y actitudes, las empresas no solo logran mejorar la comunicación y la comprensión en contextos interculturales, sino que también obtienen una ventaja competitiva sostenible en un mundo cada vez más interconectado.

¿QUÉ IMPACTO TIENEN LAS ACTITUDES Y VALORES INTERCULTURALES DE LOS LÍDERES DE UNA EMPRESA EN LA COMPETENCIA INTERCULTURAL DE LOS EMPLEADOS?

Las actitudes y valores interculturales de los líderes de una empresa ejercen un impacto fundamental y transformador en la competencia intercultural de sus empleados. Esta influencia es crucial para moldear la forma en que los miembros de la organización interactúan, comprenden y respetan a individuos de diversas culturas, lo que, en última instancia, fomenta un entorno laboral más inclusivo y productivo.

Algunos aspectos clave de este impacto incluyen:

- **Valoración de la diversidad:** Los líderes que genuinamente aprecian y respetan las diferencias culturales fomentan un ambiente donde cada empleado es reconocido por la perspectiva única que aporta al equipo. Esto implica que las contribuciones de todos los empleados son valoradas, sin importar su origen cultural, lo que se traduce en un mayor sentido de pertenencia y compromiso.

- **Flexibilidad y adaptabilidad:** Cuando los líderes demuestran su propia capacidad para adaptarse a diferentes situaciones y culturas, están promoviendo en sus equipos una disposición a aprender de los demás y a cuestionar suposiciones y prejuicios. Esta flexibilidad inherente al liderazgo se irradia hacia los empleados, permitiéndoles trabajar de manera más efectiva en diversos entornos interculturales.

- **Empatía y comprensión:** Los líderes que cultivan la capacidad de ponerse en el lugar de los demás y comprender sus experiencias y perspectivas, establecen un modelo para que sus empleados hagan lo mismo. Esto no solo ayuda a construir relaciones interpersonales sólidas, sino que también facilita la resolución constructiva de conflictos en contextos interculturales.

- **Comunicación efectiva:** Un liderazgo que promueve habilidades de comunicación claras, respetuosas y culturalmente adaptadas, influye directamente en cómo los empleados interactúan entre sí y con clientes de diversas procedencias. Ser consciente de las diferencias en los estilos de comunicación y adaptarse a ellas, asegura una transmisión de mensajes efectiva en entornos interculturales.

- **Liderazgo inclusivo:** Los líderes tienen un papel central en la promoción de actitudes y valores interculturales dentro de la organización. Al encarnar y proyectar un ejemplo de respeto, apertura y valoración de la diversidad, los líderes pueden influir significativamente en el comportamiento y las actitudes de sus empleados, generando un ambiente laboral que es inherentemente más inclusivo y productivo. Este tipo de liderazgo, a menudo caracterizado por la empatía, la generación de relaciones y la comunicación efectiva, es fundamental para el éxito en un mundo empresarial diverso.

COMUNICACIÓN EN EQUIPO: CÓMO TRABAJAR EN EQUIPO Y COMUNICARSE DE MANERA EFECTIVA.

Para fomentar un trabajo en equipo eficaz y una comunicación fluida, es fundamental aplicar una serie de estrategias y consejos prácticos que van desde la claridad organizativa hasta el fomento de un ambiente de respeto mutuo.

A continuación, se detallan estas estrategias para optimizar la comunicación en equipo:

- **Definir roles y responsabilidades de manera explícita:** Es crucial que cada miembro del equipo tenga un rol y responsabilidades claramente delimitadas. Esta claridad es esencial para evitar confusiones, superposiciones de tareas y malentendidos que puedan obstaculizar el progreso. Al definir explícitamente las funciones, se mejora la eficiencia y la productividad del equipo.

- **Fomentar la participación activa de todos los miembros:** Es importante crear un ambiente donde todos los integrantes del equipo se sientan con la libertad y la oportunidad de participar y expresar sus ideas y opiniones. Esto no solo enriquece las discusiones y la toma de decisiones, sino que también mejora la creatividad y la innovación del equipo.

- **Establecer canales de comunicación claros y efectivos:** Es fundamental implementar mecanismos de comunicación que aseguren que todos los miembros del equipo estén constantemente informados y actualizados sobre los proyectos y tareas. Esto puede incluir reuniones regulares, plataformas de comunicación digital o un glosario de términos específicos de la empresa para evitar confusiones.

- **Resolver los conflictos de manera rápida y eficiente:** Los conflictos son inevitables en cualquier equipo. Por ello, es crucial abordarlos de forma rápida y efectiva para evitar que escalen y se conviertan en problemas mayores que afecten la cohesión y la productividad. Una resolución ágil de los conflictos crea un ambiente de trabajo más seguro y cómodo.

- **Desarrollar habilidades de escucha activa:** Es vital que los miembros del equipo aprendan a escuchar activamente y a comprender las perspectivas y experiencias de los demás. La escucha activa ayuda a comprender mejor a los compañeros, construir relaciones más sólidas y mejorar la eficacia del trabajo en equipo.

- **Crear un ambiente de confianza y respeto mutuo:** Es imperativo fomentar un entorno de trabajo donde todos los miembros del equipo se sientan cómodos, seguros y respetados. Un ambiente de confianza promueve la colaboración, la creatividad y la libre expresión de ideas, lo que se traduce en un equipo más cohesionado y productivo.

Al aplicar estas estrategias, los equipos pueden mejorar su productividad de manera significativa y alcanzar sus objetivos con mayor efectividad,

¿POR QUÉ ES IMPORTANTE LA COMUNICACIÓN EFECTIVA EN UN EQUIPO DE TRABAJO?

La comunicación efectiva es un pilar fundamental en cualquier entorno laboral y su importancia se magnifica en el contexto de un equipo de trabajo. Sus beneficios son múltiples y directos, impactando la eficiencia, la cohesión y el éxito general del equipo.

La relevancia de la comunicación efectiva en un equipo de trabajo se debe a que:

- **Mejora la comprensión:** Una comunicación efectiva permite a los miembros del equipo comprender con mayor claridad las tareas y los objetivos establecidos. Esta comprensión detallada, a su vez, contribuye a una mejora sustancial en la calidad del trabajo realizado.
- **Ayuda a prevenir conflictos y malentendidos:** Al facilitar el intercambio claro de información, la comunicación efectiva reduce la probabilidad de que surjan desacuerdos o interpretaciones erróneas entre los miembros del equipo.
- **Mejora el compromiso:** Una comunicación efectiva tiene la capacidad de fortalecer el

compromiso de los miembros del equipo con los objetivos y las tareas asignadas. Cuando los miembros se sienten informados y comprendidos, su nivel de involucramiento aumenta.

- **Resuelve problemas:** La comunicación efectiva es una herramienta crucial para abordar y solucionar problemas de manera rápida y eficiente dentro del equipo.
- **Genera un ambiente de trabajo positivo:** Un entorno donde la comunicación es efectiva promueve la colaboración y un clima laboral positivo, lo que se traduce directamente en una mayor productividad y satisfacción para los empleados.

En síntesis, al fomentar una comunicación efectiva, los miembros del equipo pueden trabajar de manera más eficiente y alcanzar sus objetivos con mayor éxito.

¿CÓMO PUEDE LA COMUNICACIÓN EFECTIVA MEJORAR LA PRODUCTIVIDAD DE UN EQUIPO DE TRABAJO?

La comunicación efectiva es un motor fundamental para la productividad de un equipo de trabajo, impactando positivamente en cada etapa del ciclo laboral. Su influencia se extiende desde la optimización de las interacciones diarias hasta la creación de un entorno que propicia el alto rendimiento.

A continuación, se detalla cómo la comunicación efectiva puede mejorar la productividad de un equipo de trabajo:

- **Mejora la colaboración y el trabajo en equipo:** Una comunicación efectiva fortalece la colaboración y el trabajo conjunto entre los miembros del equipo, lo que se traduce directamente en una mejora de la calidad del trabajo. Al compartir ideas, conocimientos y responsabilidades de forma clara, se optimizan los procesos y se aprovecha el potencial colectivo.

- **Aumenta el compromiso y la motivación:** Cuando la comunicación es efectiva, el compromiso y la motivación de los miembros del equipo con los objetivos y tareas se elevan. Sentirse informados y comprendidos fomenta un mayor involucramiento en la misión del equipo.

- **Previene conflictos y malentendidos:** La comunicación clara es clave para evitar conflictos y malentendidos entre los miembros del equipo. Esto ahorra tiempo y recursos que de otra manera se gastarían en corregir errores o resolver fricciones, lo que directamente mejora la eficiencia y la productividad.

- **Resuelve problemas de manera efectiva:** Una comunicación eficaz permite abordar y solucionar los problemas de forma rápida y eficiente. Un diálogo abierto y constructivo facilita la identificación de la raíz del problema y la formulación de soluciones adecuadas, impactando positivamente en la eficiencia y la productividad.

- **Crea un ambiente de trabajo positivo:** La comunicación efectiva contribuye a generar un ambiente laboral positivo y colaborativo. Esto no solo eleva la productividad, sino que también incrementa la satisfacción de los empleados. Un clima laboral agradable, donde la comunicación fluye sin obstáculos, es idóneo para el desarrollo y el rendimiento del equipo.

En síntesis, al fomentar una comunicación efectiva, los miembros del equipo pueden trabajar de manera más eficiente y lograr sus objetivos de forma eficaz. La inversión en mejorar las habilidades comunicativas es una inversión directa en la productividad y el éxito del equipo.

¿QUÉ CONSEJOS PRÁCTICOS SE PUEDEN SEGUIR PARA MEJORAR LA COMUNICACIÓN EFECTIVA EN UN EQUIPO DE TRABAJO?

Para mejorar la comunicación efectiva en un equipo de trabajo, es fundamental implementar una serie de consejos prácticos que aborden tanto la interacción verbal como la no verbal, fomentando un ambiente de apertura y colaboración.

A continuación, se detallan estrategias clave para lograr una comunicación efectiva en el equipo:

- **Resolver rápidamente los conflictos:** Es crucial abordar los conflictos de manera oportuna y constructiva para evitar que escalen y se conviertan en problemas mayores. Una resolución ágil mantiene la armonía y el enfoque del equipo.
- **Fomentar la participación:** Incentivar a todos los miembros del equipo a contribuir con ideas, opiniones y preguntas mejora la calidad de las discusiones y promueve un ambiente de trabajo colaborativo.
- **Incentivar las comunicaciones ascendentes:** Animar a los miembros del equipo a compartir sus preocupaciones, sugerencias y logros con los líderes y gerentes fortalece la confianza y la transparencia en la organización.
- **Favorecer la transparencia:** Compartir información relevante y mantener a todos los miembros del equipo actualizados sobre los avances, cambios y desafíos ayuda a alinear los esfuerzos y a mantener a todos en la misma sintonía.
- **Saber dónde comunicarse y sobre qué temas:** Utilizar las herramientas de comunicación adecuadas para cada situación y asegurar que los mensajes sean claros y relevantes evita confusiones y la falta de comunicación.

- **Desarrollar habilidades de escucha activa:** Prestar atención a los demás, hacer preguntas claras y demostrar interés genuino en lo que están diciendo mejora la comprensión mutua y fortalece las relaciones de trabajo.
- **Ser claro y preciso:** Utilizar un lenguaje sin jerga innecesaria y asegurar que los mensajes sean comprensibles para todos los miembros del equipo previene malentendidos y confusiones.
- **Mantener el contacto visual con el receptor:** Durante las reuniones o conversaciones cara a cara, el contacto visual demuestra interés y ayuda a establecer una conexión más fuerte.
- **Cuidar el lenguaje no verbal:** Además del contacto visual, prestar atención a la postura, gestos y expresiones faciales puede transmitir mensajes de manera más efectiva y evitar malentendidos. El lenguaje corporal es fundamental en la comunicación.
- **Practicar la empatía y la asertividad:** Intentar comprender los sentimientos y perspectivas de los demás, al mismo tiempo que se expresan las propias ideas y necesidades de manera clara y respetuosa, facilita la comunicación y promueve un ambiente de trabajo saludable. La asertividad es el punto medio entre la pasividad y la agresividad,

permitiendo expresar opiniones personales y establecer límites, respetando a los demás.

¿QUÉ PAPEL JUEGA LA TRANSPARENCIA EN LA COMUNICACIÓN EFECTIVA EN UN EQUIPO DE TRABAJO?

La transparencia desempeña un papel fundamental en la comunicación efectiva dentro de un equipo de trabajo, actuando como un pilar que sostiene y potencia diversas facetas del rendimiento y la cohesión. No es simplemente una práctica deseable, sino un componente estratégico que impacta directamente en la eficiencia y el éxito.

El papel de la transparencia en la comunicación efectiva se manifiesta a través de los siguientes beneficios:

- **Fomenta la confianza y la credibilidad:** La apertura en el intercambio de información construye un ambiente donde los miembros del equipo confían unos en otros y en la organización. Esta confianza es bidireccional: los empleados confían en la información que reciben y los líderes confían en que sus equipos actuarán con base en una comprensión clara de la situación.

- **Mejora la toma de decisiones:** Al proporcionar información relevante y actualizada a todos los miembros del equipo, la transparencia facilita decisiones más informadas y acertadas. Cuando todos los involucrados tienen acceso a los datos necesarios, las deliberaciones son más robustas y los resultados más óptimos.

- **Promueve la colaboración y el trabajo en equipo:** La información compartida abiertamente incita a la participación y al intercambio de ideas, lo que a su vez fortalece la colaboración y el trabajo en equipo. Los miembros se sienten más conectados con los objetivos colectivos al entender el panorama completo.

- **Impulsa la innovación y la creatividad:** Un entorno transparente anima a los empleados a proponer ideas frescas y soluciones innovadoras. Al tener una visión clara de los desafíos y las oportunidades, la creatividad no se ve limitada por la falta de información, sino que se nutre de ella.

- **Mejora la retención y el compromiso de los empleados:** La transparencia hace que los empleados se sientan valorados y empoderados. Cuando perciben que la información fluye libremente y que sus contribuciones son importantes, su compromiso con la empresa y su deseo de permanecer en ella aumentan significativamente.

En resumen, al fomentar la transparencia en la comunicación interna, los miembros del equipo no solo trabajan de manera más efectiva, sino que también alcanzan sus objetivos con mayor eficiencia. Es una inversión que rinde dividendos en términos de rendimiento, moral y estabilidad organizacional.

¿CÓMO SE PUEDE FOMENTAR LA TRANSPARENCIA EN LA COMUNICACIÓN INTERNA DE UN EQUIPO DE TRABAJO?

Para fomentar la transparencia en la comunicación interna de un equipo de trabajo, es fundamental implementar estrategias que construyan un ambiente de apertura y confianza. La transparencia no solo mejora el flujo de información, sino que también empodera a los empleados y optimiza el rendimiento del equipo.

A continuación, se detallan las estrategias clave para fomentar la transparencia en la comunicación interna:

- **Establecer canales de comunicación claros y accesibles:** Es crucial que los empleados dispongan de vías claras y sencillas para comunicarse entre sí y con la gerencia. Esto puede incluir plataformas en línea, sistemas de correo electrónico o aplicaciones de mensajería instantánea. La elección adecuada del canal garantiza que los mensajes se transmitan de forma efectiva y que la información fluya sin obstáculos.
- **Fomentar la comunicación bidireccional:** La transparencia va más allá de la comunicación descendente (de arriba hacia abajo). Es vital que los empleados tengan la oportunidad de

brindar retroalimentación, hacer preguntas y compartir sus ideas. Esta interacción en ambos sentidos asegura que las preocupaciones sean escuchadas y que las ideas innovadoras puedan ascender en la jerarquía.

- **Compartir información relevante de manera proactiva:** Es fundamental que los empleados se sientan informados y tengan acceso a la información pertinente para su trabajo. Esto genera confianza y un sentido de transparencia en la organización. Mantener a todos los miembros del equipo actualizados sobre avances, cambios y desafíos clave es esencial para la alineación y el compromiso.
- **Escuchar activamente a los empleados:** Prestar atención a las preocupaciones, sugerencias y logros de los empleados es un pilar fundamental para fomentar la confianza y la transparencia. La escucha activa demuestra que sus opiniones son valoradas y que la gerencia está atenta a sus necesidades y contribuciones.
- **Fomentar la colaboración y el trabajo en equipo:** Promover la colaboración y el trabajo en equipo naturalmente impulsa la transparencia. Al trabajar juntos, los empleados comparten información y se comunican de manera más efectiva para lograr objetivos comunes. Esta interacción

constante reduce la necesidad de ocultar información y fomenta un ambiente de apoyo mutuo.

- **Utilizar herramientas de comunicación digital de manera estratégica:** Las herramientas digitales pueden ser grandes facilitadores de la transparencia en la comunicación interna. Permiten a los empleados compartir información de forma rápida y comunicarse eficazmente, siempre y cuando se establezcan reglas claras para su uso y se evite la sobreexposición.

Al implementar estas estrategias, los equipos pueden operar con mayor efectividad y eficiencia, alcanzando sus objetivos de manera más cohesionada y satisfactoria. La transparencia, al ser un valor fundamental, se traduce en un ambiente de trabajo más sano y productivo.

¿CÓMO SE PUEDE MEDIR EL ÉXITO DE LA IMPLEMENTACIÓN DE LA TRANSPARENCIA EN LA COMUNICACIÓN INTERNA DE UN EQUIPO DE TRABAJO?

Para medir el éxito de la implementación de la transparencia en la comunicación interna de un equipo de trabajo, es fundamental considerar una serie de variables interconectadas que reflejan tanto el impacto en el comportamiento de los empleados como en los resultados organizacionales. Estas variables actúan como indicadores clave de que la transparencia está generando los beneficios esperados y contribuyendo a los objetivos estratégicos de la empresa.

A continuación, se detallan las variables clave para medir el éxito de la transparencia:

- **Participación de los empleados:** La disposición de los empleados a compartir sus ideas y opiniones en los canales de comunicación interna es un indicador directo del éxito de la transparencia. Una mayor participación sugiere que los empleados se sienten cómodos y confían en la organización para expresar sus puntos de vista.

- **Eficiencia y productividad:** La transparencia en la comunicación interna puede optimizar la eficiencia y la productividad de la empresa. Esto se logra al mantener a los empleados mejor informados y alineados con los objetivos organizacionales.

- **Confianza y credibilidad:** La implementación de la transparencia en la comunicación interna fomenta la confianza y la credibilidad tanto entre los miembros del equipo como hacia la organización en su conjunto. Una cultura de apertura fortalece los lazos y la fe en la dirección de la empresa.

- **Reducción de conflictos:** La transparencia en la comunicación interna tiene el potencial de disminuir los conflictos y malentendidos entre los miembros del equipo. Esto, a su vez, puede traducirse en una mejora en la eficiencia y la productividad.

- **Innovación y creatividad:** La transparencia en la comunicación interna puede ser un motor para la innovación y la creatividad. Al promover la colaboración y el intercambio abierto de ideas, se crea un entorno propicio para que los empleados aporten soluciones frescas e innovadoras.

Al evaluar estas variables de manera sistemática, los líderes del equipo pueden determinar si la transparencia en la comunicación interna está funcionando como se espera y si está contribuyendo de manera efectiva al logro de los objetivos organizacionales. La monitorización continua de estos indicadores permite realizar ajustes y optimizar la estrategia de comunicación para obtener los máximos beneficios.

¿CÓMO SE PUEDE EVALUAR LA EFICIENCIA Y PRODUCTIVIDAD DE UN EQUIPO DE TRABAJO A TRAVÉS DE LA COMUNICACIÓN INTERNA TRANSPARENTE?

Para evaluar la eficiencia y productividad de un equipo de trabajo mediante la comunicación interna transparente, es esencial emplear un enfoque multifacético que abarque diversos indicadores cualitativos y cuantitativos. Este análisis permitirá a los miembros del equipo determinar si la transparencia está generando los resultados esperados y contribuyendo al logro de los objetivos organizacionales.

Las estrategias clave para esta evaluación incluyen:

- **Medir la participación de los empleados:** La disposición de los empleados a involucrarse en la comunicación interna es un indicador directo del éxito de la transparencia. Esto puede medirse a través de encuestas, reuniones de retroalimentación, y un análisis de la frecuencia y calidad de sus interacciones. Si los empleados se sienten cómodos compartiendo ideas y opiniones, es señal de confianza en la organización.

- **Evaluar la eficiencia y productividad del equipo:** La transparencia en la comunicación interna puede mejorar la eficiencia y productividad al mantener a los empleados mejor informados y alineados con los objetivos. La evaluación se realiza mediante indicadores clave de rendimiento (KPI) que cuantifican el progreso hacia los objetivos y la calidad del trabajo.

- **Medir la confianza y credibilidad:** La transparencia fomenta la confianza y la credibilidad tanto entre los miembros del equipo como hacia la organización en general. Esto puede evaluarse mediante encuestas de satisfacción y análisis de la lealtad de los empleados.

- **Evaluar la reducción de conflictos:** Una comunicación interna transparente puede disminuir los conflictos y malentendidos dentro del equipo, lo que a su vez impacta positivamente en la eficiencia y productividad. La evaluación se basa en el análisis de la frecuencia y gravedad de los conflictos, así como en la satisfacción de los empleados.

- **Evaluar la innovación y creatividad:** La transparencia impulsa la innovación y la creatividad al promover la colaboración y el intercambio de ideas. Se puede medir analizando la cantidad y calidad de las ideas y soluciones propuestas por los empleados.

Al considerar todas estas variables, el equipo puede obtener una visión integral de la eficacia de su comunicación interna transparente y su impacto en el rendimiento general.

¿QUÉ INDICADORES SE PUEDEN UTILIZAR PARA EVALUAR LA EFICIENCIA DE UN EQUIPO DE TRABAJO A TRAVÉS DE LA COMUNICACIÓN INTERNA TRANSPARENTE?

Para evaluar la eficiencia de un equipo de trabajo a través de la comunicación interna transparente, es esencial emplear una serie de Indicadores Clave de Rendimiento (KPIs) que permitan una medición sistemática y objetiva del impacto de la transparencia en el desempeño del equipo. Estos KPIs proporcionan una visión integral de cómo la apertura en la comunicación contribuye a los objetivos organizacionales.

A continuación, se presentan los indicadores que se pueden utilizar:

- **Participación de los empleados:** Este KPI mide el grado en que los empleados se involucran en los canales y procesos de comunicación interna. Se puede cuantificar a través de encuestas de participación, la asistencia y la calidad de las intervenciones en reuniones de retroalimentación, y el análisis de la frecuencia y calidad de las interacciones en plataformas de comunicación. Una alta participación es un signo de que los empleados se sienten cómodos y confiados en la organización para compartir sus ideas y opiniones.

- **Eficiencia y productividad:** Este indicador evalúa cómo la comunicación interna transparente contribuye a la optimización de los procesos y al logro de los resultados. Se mide a través de KPIs que cuantifican el progreso hacia los objetivos establecidos y la calidad del trabajo realizado. Por ejemplo, se puede analizar la tasa de finalización de proyectos a tiempo, la reducción de errores o la optimización de los flujos de trabajo.

- **Confianza y credibilidad:** La transparencia es un factor fundamental para fomentar la confianza y la credibilidad entre los miembros del equipo y hacia la organización en general. Este KPI se puede medir mediante encuestas de clima laboral que incluyan preguntas sobre la percepción de confianza, así como análisis de la satisfacción y lealtad de los empleados.

- **Reducción de conflictos:** La comunicación interna transparente tiene el potencial de disminuir significativamente los conflictos y malentendidos dentro del equipo. Este indicador se evalúa mediante el análisis de la frecuencia y gravedad de los conflictos reportados, así como la percepción de los empleados sobre la eficacia en la resolución de los mismos.

- **Innovación y creatividad:** La transparencia en la comunicación interna estimula la innovación y la creatividad al promover la colaboración y el intercambio abierto de ideas. Este KPI se puede medir a través del número de ideas nuevas propuestas por los empleados, la calidad de las soluciones implementadas y el impacto de estas innovaciones en los procesos o productos de la empresa.

Al monitorear y analizar estos KPIs, los miembros del equipo y la dirección pueden determinar si la implementación de la comunicación interna transparente está funcionando de manera efectiva y si está contribuyendo al logro de los objetivos estratégicos de la organización.

¿CUÁLES SON LOS KPIs MÁS RELEVANTES PARA MEDIR LA EFICIENCIA DE UN EQUIPO DE TRABAJO A TRAVÉS DE LA COMUNICACIÓN INTERNA TRANSPARENTE?

Para medir la eficiencia de un equipo de trabajo mediante la comunicación interna transparente, es fundamental emplear Indicadores Clave de Rendimiento (KPIs) específicos que cuantifiquen el impacto de la transparencia en diversos aspectos del desempeño del equipo. Estos KPIs permiten determinar si la transparencia en la comunicación interna está funcionando y si se están logrando los objetivos de la organización.

Los KPIs más relevantes para esta medición son:

- **Participación de los empleados:** Este KPI evalúa el nivel de involucramiento de los empleados en los canales de comunicación interna. Se mide a través de:
    - Tasa de apertura y clics en comunicaciones por correo electrónico.

- Recuento de visitas a páginas de intranet.
- Cantidad de acciones, "me gusta" y otras interacciones en las redes sociales corporativas.

- **Eficiencia y productividad:** Este indicador valora cómo la comunicación interna transparente afecta el rendimiento del equipo en relación con sus metas y la calidad del trabajo. Se evalúa mediante:
  - Cantidad de tareas completadas en un período de tiempo determinado.
  - Tiempo promedio de respuesta a las solicitudes de los clientes.
  - Satisfacción del cliente.

- **Confianza y credibilidad:** La transparencia fomenta la confianza y la credibilidad dentro de la organización. Este KPI se mide a través de:
  - Satisfacción y lealtad de los empleados.
  - Tasa de rotación de los empleados.
  - Reputación de la empresa en el mercado.

- **Reducción de conflictos:** La comunicación interna transparente puede disminuir la frecuencia y gravedad de los conflictos y malentendidos. Los indicadores para este KPI incluyen:
  - Frecuencia y gravedad de los conflictos.

- ○ Satisfacción de los empleados con la gestión de conflictos.
- ○ Tasa de resolución de conflictos.
- **Innovación y creatividad:** La transparencia impulsa la innovación y la creatividad al fomentar la colaboración y el intercambio de ideas. Este KPI se evalúa mediante:
  - ○ Cantidad y calidad de las ideas y soluciones propuestas por los empleados.
  - ○ Tasa de implementación de nuevas ideas.
  - ○ Mejora en la calidad del trabajo resultante de estas iniciativas.

Al evaluar estos KPIs, los miembros del equipo pueden determinar la efectividad de la transparencia en la comunicación interna y su contribución al logro de los objetivos organizacionales.

¿CÓMO SE PUEDEN COMPARAR LOS RESULTADOS DE LOS KPIs DE COMUNICACIÓN INTERNA CON LOS DE OTRAS ÁREAS DE LA EMPRESA?

Para comparar los resultados de los KPIs de comunicación interna con los de otras áreas de la empresa y así optimizar el rendimiento organizacional, es esencial emplear una metodología estructurada que permita identificar sinergias, detectar deficiencias y alinear esfuerzos. Esta comparación es clave para entender cómo la comunicación interna impacta en el desempeño global.

Las estrategias para comparar los resultados de los KPIs de comunicación interna con los de otras áreas de la empresa incluyen:

- **Establecer objetivos claros y alineados:** Es fundamental definir objetivos específicos para cada área de la empresa y asegurar que estos estén en consonancia con los objetivos generales de la organización. Esta alineación permite una base común para la comparación.

- **Identificar KPIs relevantes y comparables:** Se deben seleccionar KPIs que sean pertinentes para cada área y que, a su vez, permitan una comparación directa con los KPIs de comunicación interna. Es crucial que estos indicadores sean medibles para obtener datos objetivos.

- **Recopilar y analizar datos de manera integral:** Una vez definidos los KPIs, se procede a la recopilación y análisis de los datos de cada área de la empresa. Posteriormente, estos datos se comparan con los KPIs de comunicación interna para identificar patrones y tendencias.

- **Realizar análisis comparativos detallados:** Se deben llevar a cabo análisis comparativos exhaustivos entre los KPIs de comunicación interna y los de otras áreas para detectar áreas de mejora y oportunidades de crecimiento. Esto puede revelar, por ejemplo, si una comunicación interna deficiente está correlacionada con una baja productividad en un departamento específico.

- **Establecer un plan de acción para la mejora continua:** Basándose en los hallazgos de los análisis comparativos, se debe formular un plan de acción concreto. Este plan debe estar diseñado para mejorar tanto los KPIs de comunicación interna como los de otras áreas de la empresa, siempre asegurando que estas mejoras contribuyan a los objetivos generales de la organización.

Al seguir estas estrategias, los miembros del equipo y la dirección pueden determinar cómo se están desempeñando las diferentes áreas de la empresa y cómo pueden optimizar sus esfuerzos para alcanzar los objetivos organizacionales de manera más eficiente y coordinada.

Resolución de conflictos: Cómo manejar conflictos y resolver problemas de manera efectiva.

La resolución de conflictos es una habilidad fundamental para cualquier equipo de trabajo, siendo un proceso crucial para mantener la armonía y la productividad. Abordar y resolver las discrepancias de manera efectiva no solo mitiga los problemas actuales, sino que también fortalece la dinámica del equipo a largo plazo.

A continuación, se presentan tópicos clave que facilitan el manejo de conflictos y la resolución de problemas de manera efectiva:

- **Comunicación efectiva:** Es la piedra angular para resolver conflictos. Esto implica escuchar activamente a todas las partes involucradas para asegurar que cada una comprenda los puntos de vista de los demás. Además, es vital ser claro y directo al expresar las propias necesidades y preocupaciones.

- **Identificación de problemas subyacentes:** Es crucial ir más allá de los síntomas y determinar la verdadera causa del conflicto. A menudo, los conflictos superficiales son manifestaciones de malentendidos o problemas más profundos que requieren atención.

- **Colaboración y compromiso:** La disposición a trabajar juntos y a comprometerse es esencial para encontrar soluciones que satisfagan a todas las partes involucradas. Esto promueve un enfoque cooperativo en lugar de uno competitivo.
- **Mantener la calma:** En situaciones de conflicto, es fácil dejarse llevar por las emociones. Sin embargo, mantener la compostura y abordar el problema de manera racional es fundamental para una resolución efectiva.
- **Enfocarse en soluciones:** En lugar de centrarse en el problema en sí mismo, es más productivo dirigir la energía hacia la búsqueda de soluciones. Trabajar en conjunto para encontrar respuestas creativas y efectivas conduce a resoluciones más duraderas.
- **Aprender de los conflictos:** Cada conflicto representa una oportunidad para el aprendizaje y el crecimiento. Reflexionar sobre las lecciones aprendidas y aplicar esa información para mejorar la comunicación es crucial para prevenir futuras discrepancias.

Al seguir estos principios, los miembros del equipo pueden trabajar en conjunto para resolver conflictos de manera más efectiva, mejorando la dinámica y la eficiencia general del equipo.

¿Cuáles son los principios clave para manejar conflictos de manera efectiva?

Para manejar conflictos de manera efectiva, es fundamental adherirse a un conjunto de principios clave que faciliten la resolución y promuevan una dinámica de equipo saludable. Estos principios buscan transformar las desavenencias en oportunidades de crecimiento y mejora.

Los principios clave para una gestión de conflictos eficaz son:

- **Comunicación efectiva:** La base para resolver cualquier conflicto es una comunicación clara y abierta. Es crucial escuchar a todas las partes involucradas y asegurarse de que cada una entienda los puntos de vista de las demás. Este intercambio honesto permite construir puentes de entendimiento.

- **Identificación de problemas subyacentes:** Es vital ir más allá de las quejas superficiales y determinar la raíz del problema. Frecuentemente, los conflictos emergen de malentendidos o de cuestiones más profundas que necesitan ser abordadas para una solución duradera.

- **Colaboración y compromiso:** La disposición a trabajar en conjunto y a comprometerse es esencial para la resolución de conflictos. Implica buscar activamente soluciones que satisfagan a todas las partes involucradas, priorizando el bienestar colectivo sobre los intereses individuales.

- **Mantener la calma:** La compostura es un pilar fundamental en la resolución de conflictos. Aunque es fácil dejarse llevar por las emociones, mantener la racionalidad permite abordar el problema de manera objetiva y constructiva.
- **Enfoque en soluciones:** En lugar de estancarse en el problema, la energía debe dirigirse a encontrar soluciones creativas y efectivas. Trabajar de la mano para innovar en las respuestas facilita una resolución más eficiente del conflicto.
- **Aprender de los conflictos:** Cada conflicto, sin importar su origen, representa una valiosa oportunidad para el aprendizaje y el crecimiento personal y grupal. Reflexionar sobre las lecciones extraídas permite mejorar la comunicación y desarrollar estrategias para prevenir futuras desavenencias.

Al adherirse a estos principios, los miembros del equipo pueden colaborar de manera más efectiva para resolver conflictos, lo que se traduce en una mejora sustancial de la dinámica y la eficiencia del equipo.

¿CÓMO SE PUEDEN APLICAR LOS PRINCIPIOS CLAVE PARA MANEJAR CONFLICTOS EN EL LUGAR DE TRABAJO?

Para aplicar los principios clave en el manejo de conflictos dentro del lugar de trabajo, es esencial adoptar un enfoque estratégico que promueva la resolución constructiva y el fortalecimiento de la dinámica del equipo.

Las siguientes estrategias permiten aplicar eficazmente estos principios:

- **Mantener la calma y la imparcialidad:** Es fundamental conservar la serenidad y la objetividad al abordar cualquier conflicto en el entorno laboral. Esta actitud contribuye a reducir la tensión y facilita la búsqueda de soluciones efectivas.

- **Comunicación efectiva:** Una comunicación clara y abierta es la base para resolver conflictos en el trabajo. Esto implica escuchar activamente a todas las partes involucradas y asegurarse de que cada una comprenda los puntos de vista de las demás.

- **Identificación de problemas subyacentes:** Es crucial ir más allá de las manifestaciones superficiales y determinar la causa real del conflicto. Los conflictos a menudo son síntomas de malentendidos o problemas más profundos que requieren ser abordados directamente.

- **Colaboración y compromiso:** La disposición a colaborar y comprometerse es vital para resolver conflictos. Trabajar en conjunto para encontrar soluciones que satisfagan a todas las partes involucradas es un pilar de la resolución efectiva.
- **Enfocarse en soluciones:** En lugar de centrarse únicamente en el problema, es fundamental dirigir los esfuerzos hacia la búsqueda de soluciones creativas y eficaces. La colaboración en la identificación de estas soluciones puede hacer que la resolución del conflicto sea más efectiva.
- **Aprender de los conflictos:** Los conflictos representan oportunidades valiosas para el aprendizaje y el crecimiento. Reflexionar sobre las lecciones obtenidas y usar esa información para mejorar la comunicación y prevenir futuras discrepancias es un aspecto clave de la gestión eficaz.

Al seguir estas estrategias, los miembros del equipo pueden trabajar juntos para resolver conflictos de manera más efectiva y mejorar la dinámica general del equipo en el lugar de trabajo..

¿CUÁLES SON LAS CLAVES PARA LA RESOLUCIÓN DE CONFLICTOS LABORALES?

Para resolver conflictos laborales de manera efectiva, es fundamental aplicar un conjunto de claves que promuevan un ambiente de colaboración y entendimiento, transformando las desavenencias en oportunidades para el fortalecimiento del equipo.

Las claves esenciales para la resolución de conflictos laborales son:

- **Comunicación efectiva:** Es primordial comunicarse de forma efectiva para resolver los conflictos. Esto implica escuchar a todas las partes involucradas y asegurar que cada una comprenda los puntos de vista de las demás.

- **Identificación de problemas subyacentes:** Es crucial ir más allá de las manifestaciones superficiales para identificar la causa real del conflicto. A menudo, los conflictos surgen de malentendidos o problemas más profundos que necesitan ser abordados para una resolución duradera.

- **Colaboración y compromiso:** La disposición a colaborar y a comprometerse es vital para resolver los conflictos. Es importante trabajar juntos para encontrar soluciones que satisfagan a todas las partes involucradas.

- **Mantener la calma y la imparcialidad:** Es fundamental conservar la serenidad y la objetividad al abordar un conflicto en el lugar de trabajo. Esto puede contribuir a reducir la tensión y a facilitar la búsqueda de una solución efectiva.

- **Enfoque en soluciones:** En lugar de centrarse únicamente en el problema en sí, es importante dirigir la atención hacia la búsqueda de soluciones creativas y efectivas. Trabajar en conjunto para encontrar estas soluciones puede hacer que la resolución del conflicto sea más eficaz.

- **Aprender de los conflictos:** Los conflictos pueden ser valiosas oportunidades para el aprendizaje y el crecimiento. Es importante reflexionar sobre lo que se ha aprendido de ellos y utilizar esta información para mejorar la comunicación y prevenir futuras discrepancias.
- **Utilizar técnicas de resolución de conflictos:** Existen diversas técnicas específicas para la resolución de conflictos, como la mediación y la facilitación, que pueden ser muy útiles para abordar las desavenencias de manera efectiva.

Al seguir estas claves, los miembros del equipo pueden colaborar eficazmente para resolver conflictos, lo que se traduce en una mejora sustancial de la dinámica y la eficiencia del equipo.

¿CUÁLES SON LAS MEJORES PRÁCTICAS PARA LA COMUNICACIÓN EFECTIVA EN LA RESOLUCIÓN DE CONFLICTOS LABORALES?

Para lograr una comunicación efectiva en la resolución de conflictos laborales, es fundamental aplicar un conjunto de mejores prácticas que fomenten el entendimiento, el respeto y la búsqueda conjunta de soluciones.

Estas prácticas clave incluyen:

- **Escucha activa**: Es esencial escuchar activamente a todas las partes implicadas en el conflicto. Esto significa prestar atención completa a lo que se está diciendo y realizar preguntas para asegurar una comprensión cabal del punto de vista del otro.

- **Comunicación clara y directa**: Es importante comunicarse de manera clara y directa para evitar malentendidos y confusiones. Utilizar un lenguaje sencillo y evitar jergas o tecnicismos ayuda a que todos comprendan el mensaje.

- **Empatía**: La empatía es fundamental para entender los sentimientos y perspectivas de los demás. Intentar ponerse en el lugar de la otra persona y comprender su punto de vista puede facilitar la búsqueda de soluciones que satisfagan a todas las partes.

- **Respeto**: Es crucial mostrar respeto hacia todas las partes involucradas en el conflicto. Esto implica tratar a los demás con cortesía y consideración, incluso si no se está de acuerdo con su opinión.

- **Enfoque en soluciones**: En lugar de centrarse únicamente en el problema, es importante dirigir los esfuerzos hacia la búsqueda de soluciones. Trabajar en conjunto para encontrar soluciones creativas y efectivas contribuye a resolver el conflicto de manera más eficiente.

- **Mantener la calma:** Mantener la calma es vital para resolver conflictos. Aunque es fácil dejarse llevar por las emociones, es importante conservar la compostura y abordar el problema de manera racional.

Al seguir estas prácticas, los miembros del equipo pueden colaborar para resolver conflictos de forma más efectiva y mejorar la dinámica del equipo..

¿Cómo se puede mejorar la participación y la resolución rápida de conflictos en el equipo mediante estrategias de comunicación efectiva?

Para mejorar la participación y la resolución rápida de conflictos en un equipo de trabajo, es esencial implementar estrategias de comunicación efectiva que construyan un ambiente de confianza, apertura y colaboración. Esto no solo facilita la gestión de las desavenencias, sino que también optimiza el rendimiento general del equipo.

Aquí se detallan las estrategias clave:

- **Resolver rápidamente los conflictos:** Es fundamental abordar los conflictos de manera rápida y efectiva para evitar que se acumulen y se conviertan en problemas mayores. Los miembros del equipo deben estar capacitados en estrategias de resolución de conflictos para que puedan manejar las discrepancias de forma directa y respetuosa.

- **Fomentar la participación:** Es importante promover la participación de todos los miembros del equipo para que se sientan escuchados y valorados. Esto puede lograrse creando un entorno abierto y seguro donde puedan expresar sus opiniones y preocupaciones libremente. La participación activa mejora la creatividad y la innovación del equipo.

- **Incentivar las comunicaciones ascendentes:** Es crucial fomentar que los miembros del equipo se sientan cómodos comunicando sus ideas y preocupaciones a sus superiores. Esto mejora la confianza y la colaboración en el equipo, permitiendo a los líderes conocer las necesidades de la base y tomar medidas oportunas.

- **Favorecer la transparencia:** La transparencia en la comunicación es vital para fomentar la confianza y la colaboración en el equipo. Compartir información relevante con todos los miembros y asegurarse de que estén al tanto de los cambios y decisiones importantes previene malentendidos y mejora la eficiencia.

- **Utilizar técnicas de resolución de conflictos:** La existencia de diversas técnicas, como la mediación y la facilitación, puede ser de gran ayuda para resolver conflictos de manera efectiva. Es importante capacitar a los miembros del equipo en estas técnicas para que puedan abordar las discrepancias de forma constructiva.

Al implementar estas estrategias de comunicación efectiva, los miembros del equipo pueden trabajar juntos para resolver conflictos de manera más eficiente, lo que se traduce en una mejora sustancial de la dinámica y el éxito general del equipo.

COMUNICACIÓN EN EL LUGAR DE TRABAJO: CÓMO COMUNICARSE EFECTIVAMENTE EN EL LUGAR DE TRABAJO Y CONSTRUIR RELACIONES SÓLIDAS.

La comunicación efectiva en el lugar de trabajo es indispensable para afrontar desafíos complejos, establecer vínculos robustos y lograr objetivos empresariales. Su dominio permite no solo una mejor transmisión de la información, sino también la construcción de un ambiente laboral productivo y armonioso.

A continuación, se presentan algunos tópicos clave para desarrollar una comunicación efectiva en el entorno laboral y construir relaciones sólidas:

- **Saber dónde, cómo y cuándo comunicarse:** Es fundamental identificar los canales y plataformas apropiados para cada tipo de comunicación, ya sea en persona, por correo electrónico o mediante herramientas de colaboración en línea. La elección correcta del canal asegura que el mensaje llegue de manera eficaz y oportuna.

- **Desarrollar habilidades de colaboración:** Fomentar la colaboración entre los miembros del equipo, a través del intercambio de ideas, conocimientos y responsabilidades, es crucial para una comunicación efectiva. La colaboración es la piedra angular del trabajo en equipo.

- **Priorizar la comunicación cara a cara siempre que sea posible:** La interacción en persona facilita una mayor comprensión y conexión entre los individuos, lo que ayuda a evitar malentendidos y fortalece las relaciones laborales.
- **Practicar la comunicación verbal y no verbal:** Es esencial mejorar tanto la comunicación verbal (prestando atención a la entonación y la claridad) como la no verbal (utilizando el lenguaje corporal adecuado, gestos y expresiones faciales). La comunicación no verbal, por ejemplo, puede representar hasta el 80% de cómo se nos percibe.
- **Reducir los conflictos relacionados con el trabajo:** La comunicación efectiva contribuye a prevenir y resolver conflictos, promoviendo la apertura, la empatía y la comprensión entre los miembros del equipo. La resolución rápida de conflictos es una técnica clave para mejorar la comunicación en el equipo.
- **Mejorar las relaciones interpersonales:** Una comunicación clara y efectiva es vital para construir relaciones sólidas y de confianza dentro del equipo. Estas relaciones son el cimiento de un ambiente laboral positivo.
- **Aumentar la productividad:** La comunicación efectiva incrementa la productividad al asegurar que los empleados comprendan claramente sus tareas y responsabilidades.

La claridad en las tareas permite un desempeño más eficiente.

- **Fomentar la satisfacción laboral:** La comunicación efectiva también contribuye a la satisfacción de los empleados, facilitando la comprensión, la colaboración y el apoyo mutuo dentro del equipo. Un ambiente de trabajo positivo genera mayor satisfacción.
- **Influir en el bienestar de los empleados:** Una comunicación efectiva en el lugar de trabajo puede tener un impacto positivo en el bienestar general de los empleados, al promover un ambiente de trabajo saludable y colaborativo.
- **Combinar habilidades técnicas con habilidades blandas:** El desarrollo conjunto de habilidades de comunicación efectiva y trabajo en equipo, junto con las habilidades técnicas, es crucial para el éxito tanto del equipo como de la organización en su conjunto. Las habilidades blandas, como la empatía y el asertividad, son cada vez más valoradas en el ámbito empresarial.

Al integrar y aplicar estos tópicos, las empresas pueden fortalecer significativamente su comunicación interna, lo que repercute en la construcción de relaciones laborales sólidas y en el logro eficaz de sus metas organizacionales.

¿CÓMO SE PUEDE ESTABLECER UNA COMUNICACIÓN EFECTIVA EN EL LUGAR DE TRABAJO Y POR QUÉ ES IMPORTANTE?

Establecer una comunicación efectiva en el lugar de trabajo es crucial para el éxito de cualquier organización, ya que impacta directamente en la productividad, la satisfacción laboral y el bienestar general de los empleados. Este proceso implica la implementación de diversas prácticas y el desarrollo de habilidades clave.

Para establecer una comunicación efectiva en el lugar de trabajo, es importante seguir estas prácticas:

- **Saber dónde, cómo y cuándo comunicarse:** Es fundamental identificar los canales y plataformas adecuados para cada tipo de comunicación, ya sea cara a cara, por correo electrónico o mediante herramientas de colaboración en línea.

- **Desarrollar habilidades de colaboración:** Fomentar la colaboración entre los miembros del equipo implica compartir ideas, conocimientos y responsabilidades, lo cual es esencial para una comunicación efectiva y el éxito del equipo.

- **Priorizar la comunicación cara a cara siempre que sea posible:** La interacción personal permite una mejor comprensión y conexión entre los individuos, lo que ayuda a evitar malentendidos y fortalece las relaciones laborales.

- **Practicar la comunicación verbal y no verbal**: Es crucial mejorar tanto la comunicación verbal (prestando atención a la entonación y la claridad) como la no verbal (utilizando el lenguaje corporal adecuado, gestos y expresiones faciales). El lenguaje no verbal, por ejemplo, puede representar hasta el 80% de cómo se nos percibe.

- **Reducir los conflictos relacionados con el trabajo**: La comunicación efectiva ayuda a prevenir y resolver conflictos al fomentar la apertura, la empatía y la comprensión entre los miembros del equipo.

- **Mejorar las relaciones interpersonales**: Una comunicación clara y efectiva contribuye a la construcción de relaciones sólidas y de confianza dentro del equipo.

- **Aumentar la productividad**: La comunicación efectiva mejora la productividad al asegurar que los empleados comprendan claramente sus tareas y responsabilidades.

- **Fomentar la satisfacción laboral**: La comunicación efectiva contribuye a la satisfacción de los empleados al facilitar la comprensión, la colaboración y el apoyo mutuo dentro del equipo.

- **Influir en el bienestar de los empleados**: Una comunicación efectiva en el lugar de trabajo puede tener un impacto positivo en el bienestar general de los empleados, al promover un ambiente de trabajo saludable y colaborativo.

- **Combinar habilidades técnicas con habilidades blandas:** El desarrollo conjunto de habilidades de comunicación efectiva y trabajo en equipo, junto con las habilidades técnicas, es esencial para el éxito del equipo y la organización.

Establecer una comunicación efectiva en el lugar de trabajo es importante porque permite mejorar la productividad, la satisfacción laboral y el bienestar de los empleados.

¿CÓMO SE PUEDE ADAPTAR LA COMUNICACIÓN EFECTIVA A DIFERENTES PERSONALIDADES Y ESTILOS DE TRABAJO?

Adaptar la comunicación efectiva a diversas personalidades y estilos de trabajo es esencial para fomentar la armonía y la eficiencia en cualquier equipo. Esta capacidad de ajuste permite un intercambio de información más fluido y reduce la posibilidad de malentendidos.

Para lograr esta adaptación, se pueden seguir las siguientes prácticas clave:

- **Conocer los diferentes estilos de comunicación:** Es fundamental familiarizarse con los distintos estilos comunicativos, como el pasivo, agresivo, asertivo y pasivo-agresivo. Esta comprensión permite a los individuos ajustar su propio enfoque para interactuar de manera más efectiva con cada personalidad.

- **Ser empático:** La empatía es crucial para entender los sentimientos y las perspectivas de los demás. Al practicar la empatía, se puede adaptar la comunicación a las necesidades específicas de cada persona, mostrando que sus puntos de vista son valorados.

- **Ser flexible:** La flexibilidad es una habilidad indispensable para adaptarse a diferentes estilos de comunicación y a los diversos entornos laborales. Ser adaptable permite a los miembros del equipo comunicarse eficazmente con diferentes personalidades y estilos de trabajo.

- **Ser claro y directo:** Aunque la adaptación es importante, mantener la claridad y la concisión en el mensaje es vital para evitar malentendidos y confusiones. La comunicación debe ser comprensible para todos, independientemente de su estilo preferido.

- **Ser consciente del lenguaje no verbal:** El lenguaje no verbal, que incluye el tono de voz y el lenguaje corporal, es una forma importante de comunicación que a menudo transmite más que las palabras habladas. Ser consciente de estos aspectos y adaptarlos a las diferentes personalidades y estilos de trabajo es crucial para una comunicación efectiva.

Al seguir estas prácticas, los miembros del equipo pueden comunicarse eficazmente con diversas personalidades y estilos de trabajo, lo que se traduce en una mejora de la dinámica del equipo..

¿QUÉ ESTRATEGIAS SE PUEDEN UTILIZAR PARA ADAPTAR LA COMUNICACIÓN A DIFERENTES PERSONALIDADES EN EL LUGAR DE TRABAJO?

Para adaptar la comunicación efectiva a diversas personalidades en el lugar de trabajo, es fundamental emplear un conjunto de estrategias que permitan un intercambio de información fluido y la construcción de relaciones laborales sólidas. Esta adaptación es clave para mejorar la dinámica del equipo y asegurar que los mensajes sean recibidos y comprendidos de manera óptima.

Las estrategias que se pueden utilizar son las siguientes:

- **Conocer los diferentes estilos de comunicación:** Es importante familiarizarse con estilos como el pasivo, agresivo, asertivo y pasivo-agresivo. Comprender estas tipologías permite a los individuos ajustar su enfoque para comunicarse de manera más efectiva con cada personalidad.

- **Ser empático:** La empatía es crucial para entender los sentimientos y perspectivas de los demás, lo que facilita adaptar la comunicación a sus necesidades específicas. Al ponerse en el lugar del otro, se fortalece la conexión y la comprensión mutua.

- **Ser flexible:** Es fundamental ser adaptable a diferentes estilos de comunicación para interactuar eficazmente con diversas personalidades y estilos de trabajo. La flexibilidad permite ajustar el enfoque según el interlocutor.

- **Ser claro y directo:** Aunque la adaptación es importante, mantener la claridad y la concisión en el mensaje es vital para evitar malentendidos y confusiones. Un mensaje claro asegura que la información se transmita de forma comprensible para todos.

- **Ser consciente del lenguaje no verbal:** El lenguaje no verbal, incluyendo el tono de voz y el lenguaje corporal, es una forma significativa de comunicación. Es importante ser consciente de estos aspectos y adaptarlos a las diferentes personalidades para transmitir el mensaje de manera más efectiva.

- **Identificar las preferencias de comunicación de cada persona:** Es importante determinar si una persona prefiere la comunicación escrita o verbal, o qué canal es más efectivo para ella. Esta identificación permite adaptar la comunicación a las necesidades individuales.

- **Utilizar diferentes canales de comunicación:** Emplear una variedad de canales como el correo electrónico, las llamadas telefónicas o las reuniones en persona, ayuda a adaptar la comunicación a distintas personalidades y estilos de trabajo.

Al seguir estas estrategias, los miembros del equipo pueden comunicarse de manera efectiva con diversas personalidades y estilos de trabajo, lo que se traduce en una mejora de la dinámica del equipo.

¿QUÉ ESTRATEGIAS SE PUEDEN UTILIZAR PARA COMUNICARSE CON UN COLEGA QUE TIENE UN ESTILO DE TRABAJO MÁS CREATIVO?

Para comunicarse eficazmente con un colega que posee un estilo de trabajo más creativo, es fundamental adoptar estrategias de comunicación que valoren la flexibilidad, la originalidad y la apertura. Este enfoque permite fomentar la colaboración y mejorar la dinámica del equipo.

A continuación, se presentan las estrategias clave para comunicarse con un colega creativo:

- **Ser flexible:** Los colegas con un estilo de trabajo creativo suelen tener formas particulares de comunicarse y operar. Es crucial ser flexible y adaptarse a su método de trabajo para asegurar una comunicación efectiva.
- **Ser creativo en la comunicación:** Para interactuar con un colega creativo, es

importante pensar de manera innovadora. Esto implica utilizar una variedad de canales de comunicación, como el correo electrónico, las llamadas telefónicas o las reuniones en persona, para ajustar la interacción a su estilo.

- **Ser claro y directo:** Aunque la adaptabilidad es importante, la claridad y la concisión en el mensaje son esenciales para evitar malentendidos y confusiones.
- **Ser empático:** La empatía es fundamental para comprender los sentimientos y perspectivas del colega, lo que permite adaptar la comunicación a sus necesidades.
- **Utilizar herramientas de colaboración en línea:** Plataformas como Asana y Slack pueden facilitar la comunicación y la colaboración efectiva con colegas creativos en proyectos.
- **Fomentar la transparencia:** La transparencia en la comunicación ayuda a los colegas creativos a sentirse más cómodos y a expresarse con mayor eficacia.

Al aplicar estas estrategias, los miembros del equipo pueden comunicarse de manera más efectiva con colegas que tienen un estilo de trabajo creativo, lo que contribuye a mejorar la dinámica y la eficiencia del equipo.

Comunicación en la vida personal: Cómo comunicarse efectivamente en la vida personal y construir relaciones sólidas.

La comunicación efectiva en la vida personal es un pilar esencial para establecer relaciones saludables y duraderas, resolver problemas y contribuir al bienestar comunitario. Dominar este arte implica un conocimiento profundo de uno mismo y de los demás, así como la aplicación consciente de diversas estrategias.

Para comunicarse eficazmente en la vida personal y construir relaciones sólidas, se pueden aplicar los siguientes tópicos:

- **Conocer los diferentes estilos de comunicación:** Es fundamental identificar y comprender los distintos estilos de comunicación, como el pasivo, agresivo, asertivo y pasivo-agresivo. Esta comprensión permite adaptar la propia comunicación para interactuar de manera más efectiva con diversas personalidades.

- **Ser empático:** La empatía es crucial para entender los sentimientos y las perspectivas de los demás. Al practicarla, se puede adaptar la comunicación a las necesidades individuales, fomentando así una conexión más profunda y significativa en las relaciones.

- **Ser claro y directo:** Aunque la capacidad de adaptación es importante, mantener la claridad y la concisión en el mensaje es vital para evitar malentendidos y confusiones. Expresarse de forma sencilla y directa facilita la comprensión mutua.

- **Ser consciente del lenguaje no verbal:** El lenguaje no verbal, que incluye el tono de voz y el lenguaje corporal, es una forma significativa de comunicación. Ser consciente de estos aspectos y adaptarlos a diferentes personalidades y estilos de interacción es fundamental para transmitir mensajes claros y efectivos.

- **Escuchar activamente:** Es importante escuchar activamente a las personas para comprender sus necesidades y perspectivas. Esta habilidad implica prestar atención total a lo que se está diciendo y hacer preguntas para asegurar una comprensión completa del punto de vista del otro.

- **Expresarse con claridad y empatía:** La combinación de claridad y empatía al expresarse es clave para evitar malentendidos y construir relaciones sólidas. Utilizar un lenguaje sencillo y evitar jergas o tecnicismos ayuda a que el mensaje sea comprendido por todos.

- **Ser flexible:** La flexibilidad es una habilidad esencial para adaptarse a diferentes estilos de comunicación y a las particularidades de cada persona. Esta capacidad de ajuste permite comunicarse de manera efectiva en diversas situaciones interpersonales.

Al seguir estos tópicos, las personas pueden mejorar significativamente su capacidad de comunicarse en la vida personal y, como resultado, fortalecer sus relaciones interpersonales.

¿CUÁLES SON LAS HABILIDADES NECESARIAS PARA UNA COMUNICACIÓN EFECTIVA EN LA VIDA PERSONAL?

Para lograr una comunicación efectiva en la vida personal, que permita establecer relaciones saludables y duraderas, resolver problemas y contribuir al bienestar de la comunidad, es indispensable desarrollar una serie de habilidades específicas.

Las habilidades necesarias para una comunicación efectiva en la vida personal son:

- **Claridad**: Es fundamental que el mensaje sea comprensible para el receptor, evitando así malentendidos.
- **Moderación**: Es importante evitar excesos en la comunicación, tales como hablar demasiado o interrumpir a los demás.
- **Integridad**: Esta habilidad es crucial para establecer relaciones sólidas y de confianza, basada en la honestidad y la coherencia en la comunicación.
- **Capacidad de escucha activa**: Implica prestar atención completa a lo que la otra persona

está diciendo, sin interrupciones y mostrando un interés genuino.

- **Empatía**: Es importante para entender los sentimientos y perspectivas de los demás y adaptar la comunicación a sus necesidades.
- **Comunicación no verbal**: Aspectos como el tono de voz y el lenguaje corporal son formas importantes de comunicación. Es vital ser consciente de estos elementos y adaptarlos a diferentes personalidades y estilos de trabajo.
- **Respeto**: Es fundamental tratar a los demás con cortesía y consideración para establecer relaciones saludables y duraderas.

Al desarrollar estas habilidades específicas, las personas pueden mejorar significativamente su capacidad de comunicación y construir relaciones sólidas y saludables en su vida personal.

¿CUÁLES SON LAS DIFERENCIAS ENTRE LA COMUNICACIÓN EFECTIVA EN LA VIDA PERSONAL Y EN EL TRABAJO?

Aunque la comunicación efectiva comparte principios fundamentales en todos los ámbitos, existen diferencias notables entre su aplicación en la vida personal y en el entorno laboral, principalmente debido a los objetivos y contextos específicos de cada uno.

Las principales diferencias son las siguientes:

- **Comunicación efectiva en el trabajo:**

o Se enfoca en la productividad y el logro de objetivos específicos.

o Puede involucrar a un equipo de trabajo y requerir habilidades de colaboración y trabajo en equipo.

o Puede requerir el uso de herramientas de comunicación específicas, como correo electrónico, mensajes instantáneos y plataformas de gestión de proyectos.

o Puede involucrar la comunicación con personas de diferentes niveles jerárquicos y culturas.

• **Comunicación efectiva en la vida personal:**

o Se enfoca en establecer relaciones saludables y duraderas.

o Puede involucrar la comunicación con amigos, familiares y miembros de la comunidad.

o Puede requerir habilidades de empatía, escucha activa y respeto.

o Puede involucrar la comunicación con personas de diferentes edades, antecedentes y personalidades.

En resumen, aunque ambas esferas comparten habilidades y estrategias comunicativas, las diferencias radican en los propósitos, el contexto y las necesidades particulares de cada situación. Comprender estas distinciones permite a las personas adaptar su comunicación para lograr la efectividad deseada en cada aspecto de su vida.

¿CÓMO SE PUEDE MEJORAR LA COMUNICACIÓN EN EL TRABAJO Y EN LA VIDA PERSONAL AL MISMO TIEMPO?

Mejorar la comunicación tanto en el ámbito laboral como en la vida personal de manera simultánea es posible al aplicar estrategias y desarrollar habilidades que son transversales a ambos contextos. Este enfoque integrado permite construir relaciones sólidas y saludables en todas las esferas de la vida.

Para mejorar la comunicación en el trabajo y en la vida personal al mismo tiempo, se pueden seguir las siguientes estrategias y habilidades:

- **Escucha activa:** Esta es una habilidad fundamental que implica prestar atención completa a lo que la otra persona está diciendo, sin interrumpir y mostrando un interés genuino. En ambos contextos, la escucha activa ayuda a comprender mejor a los demás y a construir relaciones más sólidas.

- **Ser claro y conciso:** La claridad es fundamental para una comunicación efectiva, garantizando que el mensaje sea comprensible para el receptor y evitando malentendidos. Esto es igualmente importante al dar instrucciones en el trabajo o al expresar sentimientos en la vida personal.

- **Ser empático:** La empatía permite entender los sentimientos y perspectivas de los demás y adaptar la comunicación a sus necesidades. Esta habilidad facilita una mejor conexión con las emociones de las personas, ya sean colegas o seres queridos.

- **Ser respetuoso:** El respeto es crucial para establecer relaciones saludables y duraderas, lo que se logra tratando a los demás con cortesía y consideración. En el trabajo, fomenta un ambiente colaborativo, y en la vida personal, fortalece los lazos afectivos.

- **Ser consciente del lenguaje no verbal:** El lenguaje no verbal, que incluye el tono de voz y el lenguaje corporal, es una forma importante de comunicación. Ser consciente de estos aspectos y adaptarlos a diferentes personalidades y estilos de interacción mejora la comprensión y evita malentendidos en ambos contextos.

- **Utilizar herramientas de comunicación efectiva:** En ambos contextos, se pueden utilizar herramientas de comunicación efectiva, como el correo electrónico, las llamadas telefónicas y las reuniones en persona, para adaptar la comunicación a diferentes estilos de trabajo y personalidades.

- **Desarrollar habilidades de colaboración:** La colaboración es importante tanto en el trabajo como en la vida personal. Desarrollar habilidades de colaboración, como la capacidad de trabajar en equipo y resolver problemas juntos, puede mejorar la comunicación y establecer relaciones sólidas.

Al aplicar estas sugerencias, las personas pueden mejorar su capacidad de comunicación en ambos contextos y establecer relaciones sólidas y saludables en su vida personal y profesional.

¿CÓMO SE PUEDEN APLICAR LOS CONSEJOS PARA MEJORAR LA COMUNICACIÓN EN EL TRABAJO TAMBIÉN EN LA VIDA PERSONAL?

ara potenciar la comunicación tanto en el ámbito laboral como en la vida personal de manera simultánea, es posible aplicar una serie de estrategias y habilidades que son inherentemente transversales y benefician ambos contextos. Al integrar estas prácticas, se fortalecen las relaciones y se optimiza la interacción en todas las esferas de la vida.

A continuación, se presentan las estrategias y habilidades clave para mejorar la comunicación en el trabajo y en la vida personal:

- **Escucha activa:** Esta habilidad es fundamental en ambos contextos. Implica prestar atención completa a lo que la otra persona está diciendo, sin interrupciones y mostrando un interés genuino. La escucha activa no solo ayuda a comprender mejor a los demás, sino que también contribuye a construir relaciones más sólidas.

- **Claridad y concisión:** La claridad es esencial para una comunicación efectiva, ya que asegura que el mensaje sea comprensible para el receptor y previene malentendidos. Este principio es igualmente importante al dar instrucciones en el trabajo o al expresar sentimientos en la vida personal.

- **Empatía:** La empatía es crucial para entender los sentimientos y perspectivas de los demás, lo que permite adaptar la comunicación a sus necesidades. Esta habilidad facilita una mejor conexión con las emociones de las personas, ya sean colegas o seres queridos.

- **Respeto:** El respeto es un pilar para establecer relaciones saludables y duraderas, y se manifiesta al tratar a los demás con cortesía y consideración. En el entorno laboral, fomenta un ambiente colaborativo, mientras que en la vida personal, fortalece los lazos afectivos.

- **Conciencia del lenguaje no verbal:** El lenguaje no verbal, que incluye el tono de voz y el lenguaje corporal, es una forma importante de comunicación. Ser consciente de estos aspectos y adaptarlos a diferentes personalidades y estilos de interacción mejora la comprensión y ayuda a evitar malentendidos en ambos contextos.

- **Uso de herramientas de comunicación efectiva:** Tanto en el ámbito profesional como personal, la utilización adecuada de herramientas como el correo electrónico, las llamadas telefónicas y las reuniones en persona puede ayudar a adaptar la comunicación a diferentes estilos de trabajo y personalidades.
- **Desarrollo de habilidades de colaboración:** La colaboración es fundamental en ambos ámbitos. Desarrollar la capacidad de trabajar en equipo y resolver problemas de manera conjunta mejora la comunicación y contribuye a establecer relaciones sólidas.

Al aplicar estas sugerencias, las personas pueden potenciar su capacidad de comunicación en ambos contextos, lo que les permitirá establecer relaciones más sólidas y saludables en su vida personal y profesional.

¿CÓMO SE PUEDEN MEJORAR LAS HABILIDADES DE COMUNICACIÓN EN LA VIDA PERSONAL SI NO SE TIENE EXPERIENCIA EN EL TRABAJO?

Para mejorar las habilidades de comunicación en la vida personal, incluso sin experiencia laboral formal, es posible aplicar una serie de estrategias y desarrollar habilidades que son igualmente valiosas en ambos contextos. La comunicación es una capacidad inherente al ser humano, y su perfeccionamiento es un proceso continuo que beneficia todas las esferas de la vida.

A continuación, se presentan estrategias y habilidades clave para mejorar la comunicación en la vida personal:

- **Identificar fortalezas y debilidades comunicativas:** Un primer paso crucial es realizar una autoevaluación honesta para reconocer las propias fortalezas y áreas de mejora en la comunicación. Al identificar las fortalezas, se pueden seguir potenciando, y al reconocer las debilidades, se pueden abordar de manera targeted.

- **Practicar la comunicación efectiva de manera consistente:** La práctica es el pilar fundamental para mejorar cualquier habilidad de comunicación. Buscar activamente oportunidades para comunicarse en la vida diaria, ya sea con amigos, familiares o en actividades comunitarias, contribuye significativamente al desarrollo de estas habilidades.

- **Tomar cursos o talleres especializados:** Existen numerosas opciones de formación, tanto en línea como presenciales, que pueden ser de gran ayuda para perfeccionar las habilidades de comunicación. Estos cursos a menudo incluyen instrucción teórica, juegos de rol, asignaciones escritas y discusiones abiertas, proporcionando un entorno estructurado para el aprendizaje y la práctica.

- **Desarrollar la conciencia del lenguaje no verbal:** El lenguaje no verbal, que abarca el tono de voz y el lenguaje corporal, es una forma importante de comunicación. Ser consciente de estos aspectos y aprender a adaptarlos a diferentes personalidades y estilos de interacción es crucial para transmitir mensajes claros y efectivos.

- **Practicar la escucha activa:** La escucha activa es una habilidad vital en la comunicación efectiva. Implica prestar atención completa a lo que la otra persona está diciendo, sin interrumpir, y mostrando un interés genuino en su mensaje. Esto ayuda a comprender sus necesidades y perspectivas.

- **Ser claro y conciso en los mensajes:** La claridad es fundamental para una comunicación efectiva, ya que asegura que el mensaje sea comprensible para el receptor y previene malentendidos. Es importante utilizar un lenguaje sencillo y evitar jergas innecesarias para garantizar la comprensión.

- **Cultivar la empatía:** La empatía es la capacidad de entender los sentimientos y perspectivas de los demás. Al desarrollar esta habilidad, se puede adaptar la comunicación a las necesidades del interlocutor, lo que facilita una conexión más profunda y significativa en las relaciones personales.

Al aplicar estas sugerencias, las personas pueden mejorar significativamente su capacidad de comunicación en la vida personal y, como resultado, establecer relaciones sólidas y saludables.

¿CUÁLES SON ALGUNAS ACTIVIDADES QUE SE PUEDEN HACER PARA MEJORAR LAS HABILIDADES DE COMUNICACIÓN EN LA VIDA PERSONAL?

Para enriquecer las habilidades de comunicación en la vida personal, existen diversas actividades prácticas que no requieren necesariamente experiencia laboral formal, pero que impactan directamente en la calidad de las relaciones y la expresión individual.

A continuación, se presentan algunas actividades que se pueden realizar para mejorar las habilidades de comunicación en la vida personal:

- **Participar en juegos de comunicación:** Estos juegos ofrecen una forma lúdica y efectiva de mejorar las habilidades comunicativas. Pueden incluir juegos de rol, juegos de cartas o juegos de improvisación, que fomentan la espontaneidad y la adaptabilidad en el diálogo.
- **Practicar la comunicación efectiva de forma constante:** La práctica es el pilar fundamental para el desarrollo de cualquier habilidad de comunicación. Buscar activamente

oportunidades para comunicarse en el día a día, ya sea con amigos, familiares o en entornos sociales, contribuye significativamente a mejorar la capacidad de interacción.

- **Inscribirse en cursos o talleres:** Existen numerosos cursos y talleres, tanto en línea como presenciales, diseñados para perfeccionar las habilidades de comunicación. Estos programas suelen incluir instrucción teórica, juegos de rol, ejercicios escritos y discusiones abiertas, proporcionando un entorno estructurado para el aprendizaje y la retroalimentación.

- **Leer y escribir regularmente:** Ambas actividades son formas efectivas de mejorar las habilidades de comunicación. La lectura de libros, artículos y otros materiales ayuda a desarrollar la comprensión y la expresión, mientras que la escritura fomenta la organización de ideas y la claridad en el mensaje.

- **Practicar la escucha activa:** Esta es una habilidad crucial en la comunicación efectiva, que implica prestar atención completa a lo que la otra persona está diciendo, sin interrupciones y mostrando un interés genuino. La escucha activa ayuda a comprender las necesidades y perspectivas de los demás.

- **Desarrollar la conciencia del lenguaje no verbal:** El lenguaje no verbal, como el tono de voz y el lenguaje corporal, es una forma importante de comunicación. Ser consciente de estos aspectos y aprender a adaptarlos a diferentes personalidades y estilos de interacción es fundamental para transmitir mensajes claros y efectivos.
- **Cultivar la asertividad:** La asertividad es una habilidad esencial en la comunicación efectiva, que permite expresar los propios sentimientos y necesidades de manera clara y respetuosa, sin caer en la agresividad ni la pasividad.

Al integrar estas actividades en la vida diaria, las personas pueden mejorar su capacidad de comunicación en la vida personal y, como resultado, establecer relaciones más sólidas y saludables.

Cómo aplicar las estrategias de comunicación efectiva en la vida diaria.

Para aplicar las estrategias de comunicación efectiva en la vida diaria, es fundamental integrar diversas habilidades que promuevan la claridad, el entendimiento mutuo y la construcción de relaciones sólidas. La comunicación es una habilidad que se puede mejorar con la práctica y el esfuerzo, y que se traduce en beneficios tangibles en las interacciones cotidianas.

A continuación, se presentan sugerencias clave para aplicar la comunicación efectiva en la vida diaria:

- **Practicar la escucha activa:** Esta es una habilidad crucial en la comunicación efectiva, que implica prestar atención completa a lo que la otra persona está diciendo, sin interrumpir y mostrando un interés genuino. En la vida diaria, se puede aplicar evitando distracciones, no siendo selectivo al escuchar y desarrollando un interés auténtico en el interlocutor.
- **Ser consciente del lenguaje no verbal:** El lenguaje no verbal, que incluye el tono de voz y el lenguaje corporal, es una forma importante de comunicación. Es vital ser consciente de estos aspectos y adaptarlos a diferentes personalidades y estilos de interacción para mejorar la comprensión.
- **Ser claro y conciso:** La claridad es fundamental para una comunicación efectiva, asegurando que el mensaje sea comprensible para el receptor y evitando malentendidos.
- **Ser empático:** La empatía es importante para entender los sentimientos y perspectivas de los demás y adaptar la comunicación a sus necesidades.
- **Ser respetuoso:** El respeto es fundamental para establecer relaciones saludables y

duraderas, tratando a los demás con cortesía y consideración.

- **Practicar la asertividad:** La asertividad es una habilidad clave en la comunicación efectiva, que implica expresar los propios sentimientos y necesidades de manera clara y respetuosa, sin ser agresivo ni pasivo.

- **Tomar cursos o talleres:** Existen cursos y talleres, tanto en línea como presenciales, que pueden ayudar a mejorar las habilidades de comunicación. Estos programas a menudo incluyen instrucción, juegos de rol, asignaciones escritas y discusiones abiertas, proporcionando un entorno estructurado para el aprendizaje y la práctica.

Al aplicar estas estrategias y habilidades, las personas pueden mejorar significativamente su capacidad de comunicación en su vida diaria, lo que les permitirá establecer relaciones más sólidas y saludables.

¿QUÉ ES LA ESCUCHA ACTIVA Y POR QUÉ ES IMPORTANTE PARA LA COMUNICACIÓN EFECTIVA EN LA VIDA DIARIA?

La escucha activa es la habilidad de escuchar con atención y comprensión lo que alguien está diciendo, dedicando toda la atención y energía al mensaje. Su importancia en la comunicación efectiva en la vida diaria radica en que permite comprender claramente y en su totalidad las necesidades de los demás.

A continuación, se presentan algunas razones fundamentales por las que la escucha activa es crucial para la comunicación efectiva en la vida diaria:

- **Mejora la comunicación:** La escucha activa potencia la comunicación al hacer que las personas se sientan escuchadas y valoradas. Al prestar atención y mostrar interés genuino, se instaura un clima de confianza y colaboración.

- **Impulsa la colaboración:** Esta habilidad facilita que las personas trabajen unidas para alcanzar un objetivo común, lo que se traduce en una mayor colaboración.

- **Permite entender verdaderamente al otro:** La escucha activa posibilita una comprensión auténtica de lo que la otra persona expresa, lo cual es esencial para evitar malentendidos y errores de comunicación.

- **Conecta a un nivel más profundo:** Facilita la conexión a un nivel más íntimo con los demás, lo que contribuye a establecer relaciones interpersonales sólidas y saludables.

- **Demuestra empatía:** Al practicar la escucha activa, se evidencia empatía, permitiendo que las personas comprendan los sentimientos y perspectivas de los demás.

- **Resuelve conflictos:** La escucha activa puede ser una herramienta eficaz para resolver conflictos, ya que permite a las personas entender los puntos de vista de los demás y trabajar conjuntamente en la búsqueda de soluciones.

Al aplicar la escucha activa en el día a día, las personas pueden mejorar significativamente su capacidad de comunicación y, en consecuencia, establecer relaciones más sólidas y saludables.

¿CÓMO SE PUEDE APLICAR LA ESCUCHA ACTIVA EN EL ÁMBITO LABORAL Y EN LA VIDA DIARIA?

La escucha activa es una habilidad fundamental que, al aplicarse consistentemente tanto en el ámbito laboral como en la vida diaria, potencia la capacidad de comunicación y fomenta relaciones sólidas y saludables. Aunque los contextos varían, las estrategias centrales para una escucha activan efectiva permanecen consistentes.

A continuación, se detallan las sugerencias para aplicar la escucha activa en ambos ámbitos:

En el Ámbito Laboral:

- **Escuchar con atención:** Implica prestar atención completa a lo que el interlocutor está diciendo, sin interrupciones y mostrando un interés genuino. Esto es crucial en reuniones, discusiones de proyectos o interacciones con colegas y superiores para asegurar que se capte el mensaje completo y preciso.
- **Ser consciente del lenguaje no verbal:** Es vital observar atentamente los gestos, la expresión facial y el lenguaje corporal del orador. Estas

señales proporcionan información adicional sobre el mensaje y las emociones subyacentes, lo que permite una comprensión más profunda y contextualizada.

- **Ser claro y conciso:** Al responder o comunicarse, es importante hablar de manera clara y concisa para que el mensaje sea comprensible para el receptor y no se produzcan malentendidos. La precisión evita confusiones y optimiza la eficiencia en el entorno profesional.

- **Ser empático:** Entender los sentimientos y perspectivas de los demás y adaptar la comunicación a sus necesidades es fundamental. La empatía en el trabajo puede mejorar las relaciones entre compañeros y con los líderes, fomentando un ambiente colaborativo.

- **Ser respetuoso:** Tratar a los demás con cortesía y consideración es crucial para establecer relaciones saludables y duraderas. El respeto en el ámbito laboral facilita el diálogo constructivo y la resolución de conflictos.

- **Practicar la asertividad:** Expresar los propios sentimientos y necesidades de manera clara y respetuosa, sin ser agresivo ni pasivo, es una habilidad importante en la comunicación efectiva. El asertividad permite a los profesionales defender sus puntos de vista mientras mantienen relaciones interpersonales positivas.

En la Vida Diaria:

- **Escuchar con atención:** Al igual que en el trabajo, prestar atención completa a lo que el interlocutor está diciendo, sin interrupciones y mostrando interés genuino, es esencial para una comunicación efectiva en la vida personal.

- **Ser consciente del lenguaje no verbal:** Observar atentamente los gestos, la expresión facial y el lenguaje corporal del orador permite una comprensión más profunda de sus emociones y el significado de su mensaje.

- **Ser claro y conciso:** Hablar de manera clara y concisa para que el mensaje sea comprensible y evitar malentendidos es vital en las interacciones personales. Esto se aplica al expresar deseos, opiniones o al resolver situaciones cotidianas.

- **Ser empático:** Entender los sentimientos y perspectivas de los demás y adaptar la comunicación a sus necesidades es fundamental para construir y mantener relaciones personales sólidas y duraderas.

- **Ser respetuoso:** Tratar a los demás con cortesía y consideración es clave para establecer relaciones saludables y duraderas en el ámbito personal, fomentando un ambiente de armonía y entendimiento.

- **Practicar la asertividad:** Expresar los propios sentimientos y necesidades de manera clara y respetuosa, sin agresión ni pasividad, es una habilidad importante para la comunicación efectiva en la vida diaria. Esto permite establecer límites saludables y manejar desacuerdos de forma constructiva.

Al aplicar consistentemente estas estrategias y habilidades, se mejora la capacidad de comunicación en ambos contextos, lo que contribuye a establecer relaciones más sólidas y saludables en la vida personal y profesional.

¿CÓMO SE PUEDE APLICAR LA ESCUCHA ACTIVA EN UNA REUNIÓN DE TRABAJO?

ara aplicar la escucha activa en una reunión de trabajo y maximizar su efectividad, es crucial adoptar un enfoque consciente y disciplinado. Esto implica no solo captar las palabras, sino también comprender el contexto completo del mensaje y la perspectiva del or orador.

A continuación, se detallan las sugerencias para aplicar la escucha activa en una reunión de trabajo:

- **Evitar distracciones:** Es fundamental eliminar cualquier elemento que pueda desviar la atención durante la reunión. Esto incluye abstenerse de revisar el teléfono móvil o realizar otras tareas mientras se escucha, para asegurar una concentración plena en el orador.

- **Escuchar sin sacar conclusiones precipitadas:** Es vital escuchar el mensaje en su totalidad sin formarse opiniones previas o prejuicios que puedan sesgar la comprensión. Esto permite una interpretación más objetiva y completa de lo que se está diciendo.
- **Prestar atención al lenguaje no verbal:** Observar atentamente los gestos, la expresión facial y el lenguaje corporal del orador es crucial, ya que estos elementos proporcionan información valiosa sobre sus sentimientos y el significado subyacente del mensaje.
- **Hacer preguntas claras y específicas:** Formular preguntas pertinentes y directas es esencial para asegurarse de que el mensaje ha sido comprendido correctamente y para aclarar cualquier ambigüedad.
- **Ser empático:** Es importante esforzarse por entender los sentimientos y perspectivas de los demás, adaptando la comunicación a sus necesidades. La empatía facilita una conexión más profunda y una comprensión más completa del mensaje.
- **Ser respetuoso:** Tratar a los demás con cortesía y consideración es fundamental para establecer un ambiente de confianza y para

fomentar un diálogo constructivo en la reunión.

- **Dar feedback constante:** Proporcionar retroalimentación de manera regular es vital para confirmar la comprensión del mensaje y para mejorar la comunicación bidireccional en la reunión.

Al seguir estas estrategias y habilidades, los participantes pueden mejorar su capacidad de comunicación en el ámbito laboral, lo que contribuye a establecer relaciones más sólidas y saludables dentro del equipo de trabajo.

¿CÓMO SE PUEDE APLICAR LA ESCUCHA ACTIVA PARA MEJORAR LA COMUNICACIÓN EN UNA REUNIÓN LABORAL?

Para aplicar la escucha activa en una reunión laboral y optimizar la comunicación, es fundamental adoptar un conjunto de estrategias que promuevan la concentración, la comprensión profunda y la interacción respetuosa. Esto no solo mejora el flujo de información, sino que también fortalece las relaciones dentro del equipo.

A continuación, se detallan las sugerencias para aplicar la escucha activa de manera efectiva en una reunión laboral:

- **Evitar distracciones:** Es crucial abstenerse de revisar el teléfono o realizar otras tareas mientras se escucha, ya que esto desvía la atención y dificulta la comprensión total del mensaje. Mantenerse completamente enfocado en el orador es el primer paso.

- **Escuchar sin sacar conclusiones precipitadas:** Es importante escuchar todo lo que se dice sin permitir que opiniones previas o pensamientos internos influyan en la comprensión del mensaje. Esto asegura una interpretación más objetiva y completa de la información.
- **Prestar atención al lenguaje no verbal:** Observar atentamente los gestos, la expresión facial y el lenguaje corporal del orador es vital, ya que estos elementos proporcionan información valiosa sobre sus sentimientos y el significado subyacente del mensaje.
- **Hacer preguntas claras y específicas:** Formular preguntas directas y pertinentes es esencial para asegurarse de que se comprende el mensaje correctamente y para aclarar cualquier ambigüedad.
- **Ser empático:** Es fundamental entender los sentimientos y perspectivas de los demás, adaptando la comunicación a sus necesidades. La empatía facilita una conexión más profunda y una mejor asimilación del mensaje.
- **Ser respetuoso:** Tratar a los demás con cortesía y consideración es clave para establecer un ambiente de confianza y

fomentar un diálogo constructivo en la reunión.

- **Dar** *feedback* **constante:** Proporcionar retroalimentación de manera regular es vital para confirmar la comprensión del mensaje y para mejorar la comunicación bidireccional en la reunión.
- **Tomar notas:** Apuntar los puntos importantes durante la reunión puede ayudar a recordar los detalles clave y a demostrar al orador que se está prestando atención activamente.
- **Repetir el mensaje:** Parafrasear o repetir el mensaje con las propias palabras del oyente asegura que se ha comprendido correctamente y refuerza la claridad del mensaje.
- **Ser claro y conciso al hablar:** Al comunicar, es importante expresarse de manera clara y concisa para que el mensaje sea fácilmente comprensible para el receptor y se eviten malentendidos.

Al aplicar estas sugerencias y habilidades, las personas pueden mejorar significativamente su capacidad de comunicación en el ámbito laboral y contribuir a establecer relaciones sólidas y saludables dentro del equipo.

.

Conclusión

En conclusión, la comunicación efectiva es un pilar indispensable para el éxito en todas las facetas de la vida, desde la consolidación de equipos de trabajo productivos hasta la edificación de relaciones personales duraderas y saludables.

Al integrar y aplicar conscientemente estrategias clave como la escucha activa, la empatía, la claridad y el asertividad, los individuos pueden potenciar significativamente sus habilidades de comunicación. Este perfeccionamiento se traduce en la capacidad de establecer vínculos interpersonales más robustos y satisfactorios.

En el ámbito profesional, una comunicación efectiva se convierte en un motor para la mejora de la colaboración y el incremento de la productividad. Facilita la comprensión de tareas y responsabilidades, previene malentendidos y fomenta un ambiente de trabajo positivo. Por su parte, en la esfera personal, la comunicación efectiva eleva la calidad de las relaciones y profundiza la capacidad de conexión con los demás, enriqueciendo la vida diaria.

La aplicación sistemática de las estrategias de comunicación efectiva delineadas en este libro ofrece las herramientas necesarias para construir relaciones y equipos sólidos, elementos cruciales que, en última instancia, impulsan el logro de objetivos y el éxito en todos los aspectos de la vida.

Epílogo

La comunicación efectiva es, sin lugar a dudas, una habilidad esencial que permea todos los aspectos de nuestra vida diaria, desde las dinámicas del ámbito laboral hasta la riqueza de nuestras interacciones personales. A lo largo de este libro, hemos desglosado un conjunto de estrategias y habilidades cuyo propósito es precisamente ese: potenciar nuestras capacidades comunicativas para forjar relaciones sólidas y equipos verdaderamente exitosos. Al aplicar estas herramientas de forma consciente, no solo mejoramos nuestra capacidad de expresión, sino que también sentamos las bases para establecer vínculos más saludables y duraderos con los demás.

Hemos viajado a través de conceptos fundamentales, explorando la vital importancia de la escucha activa, la profundidad de la empatía, la indispensabilidad de la claridad y el poder transformador de la asertividad en la comunicación efectiva. Más allá de la teoría, hemos ofrecido sugerencias prácticas y aplicables para integrar estas habilidades tanto en el contexto profesional —como en reuniones de trabajo— como en la cotidianidad de nuestras conversaciones diarias.

Es nuestra sincera esperanza que este libro haya servido como una guía útil y un recurso valioso para todos aquellos que aspiran a refinar sus habilidades de comunicación y, con ello, a construir relaciones más robustas y equipos más cohesionados. La comunicación efectiva es, en esencia, una habilidad que se cultiva con la práctica y el esfuerzo constante. Creemos firmemente que, al poner en acción las estrategias aquí presentadas, los lectores estarán mejor equipados para alcanzar sus objetivos de comunicación y, por ende, para cosechar el éxito en todas las esferas de su vida.

SOBRE EL AUTOR

Sergio Velásquez

Es una persona altamente realizada con una gran experiencia en varios campos. Tiene un Doctorado en Ingeniería y un Doctorado en Educación, y cuenta con más de 15 años de experiencia como consultor de empresas y capital humano. A lo largo de su carrera, Sergio ha desempeñado roles diversos y exitosos, incluyendo profesor universitario, ingeniero, gerente de empresas, director de universidad y coordinador de centros de investigación. Su compromiso con la excelencia y la mejora continua se refleja en sus certificaciones en Cinturón Negro Lean Six Sigma y Six Sigma de CSSC, lo que lo convierte en un experto en la optimización de procesos y la eficiencia operativa.

www.ingramcontent.com/pod-product-compliance
Lightning Source LLC
Chambersburg PA
CBHW072157290526
45794CB00004B/1544